中国社会科学院国情调研特大项目“精准扶贫精准脱贫百村调研”

精准扶贫精准脱贫百村调研·太邑村卷

普惠金融助力精准扶贫

张小溪　张　平／著

社会科学文献出版社
SOCIAL SCIENCES ACADEMIC PRESS (CHINA)

“精准扶贫精准脱贫百村调研丛书”
编　委　会

主　编： 李培林

副主编： 马　援　魏后凯　陈光金

成　员：（按姓氏笔画排序）

王子豪　王延中　李　平　张　平　张　翼

张车伟　荆林波　谢寿光　潘家华

中国社会科学院国情调研特大项目
“精准扶贫精准脱贫百村调研”
项目协调办公室

主　任： 王子豪

成　员： 檀学文　刁鹏飞　闫　珺　田　甜　曲海燕

总 序

调查研究是党的优良传统和作风。在党中央领导下，中国社会科学院一贯秉持理论联系实际的学风，并具有开展国情调研的深厚传统。1988 年，中国社会科学院与全国社会科学界一起开展了百县市经济社会调查，并被列为“七五”和“八五”国家哲学社会科学重点课题，出版了《中国国情丛书——百县市经济社会调查》。1998 年，国情调研视野从中观走向微观，由国家社科基金批准百村经济社会调查“九五”重点项目，出版了《中国国情丛书——百村经济社会调查》。2006 年，中国社会科学院全面启动国情调研工作，先后组织实施了 1000 余项国情调研项目，与地方合作设立院级国情调研基地 12 个、所级国情调研基地 59 个。国情调研很好地践行了理论联系实际、实践是检验真理的唯一标准的马克思主义认识论和学风，为发挥中国社会科学院思想库和智囊团作用做出了重要贡献。

党的十八大以来，在全面建成小康社会目标指引下，中央提出了到 2020 年实现我国现行标准下农村贫困人口脱贫、贫困县全部“摘帽”、解决区域性整体贫困的脱贫攻坚目标。中国的减贫成就举世瞩目，如此宏大的脱贫目标世所罕见。到 2020 年实现全面精准脱贫是党的十九大提出的三大攻坚战之一，是重大的社会目标和政治任务，中国的贫困地区在此期间也将发生翻天覆地的变化，而变化的过程注定不会一帆风顺或云淡风轻。记录这个伟大的过程，总结解决这个世界性难题的经验，为完成这个攻坚战献计献策，是社会科学工作者应有的责任担当。

2016 年，中国社会科学院根据中央做出的“打赢脱贫攻坚战”战略部署，决定设立“精准扶贫精准脱贫百村调研”国情调研特大项目，集中优势人力、物力，以精准扶贫为主题，集中两年时间，开展贫困村百村调研。“精准扶贫精准脱贫百村调研”是中国社会科学院国情调研重大工程，有统一的样本村选择标准和广泛的地域分布，有明确的调研目标和统一的调研进度安排。调研的 104 个样本村，西部、中部和东部地区的比例分别为 57%、27% 和 16%，对民族地区、边境地区、片区、深度贫困地区都有专门的考虑，有望对全国贫困村有基本的代表性，对当前中国农村贫困状况和减贫、发展状况有一个横断面式的全景展示。

在以习近平同志为核心的党中央坚强领导下，党的十八大以来的中国特色社会主义实践引导中国进入中国特色社会主义新时代，我国经济社会格局正在发生深刻变化，脱贫攻坚行动顺利推进，每年实现贫困人口脱贫 1000 多万人，贫困人口从 2012 年的 9899 万人减少到 2017 年的 3046 万人，在较短时间内实现了贫困村面貌的巨大改观。中国社会科学院组建了一百支调研团队，动员了不少于500名科研人员的调研队伍，付出了不少于3000个工作日，用脚步、笔尖和镜头记录了百余个贫困村在近年来发生的巨大变化。

根据规划，每个贫困村子课题组不仅要为总课题组提供数据，还要撰写和出版村庄调研报告，这就是呈现在读者面前的“精准扶贫精准脱贫百村调研丛书”。为了达到了解国情的基本目的，总课题组拟定了调研提纲和问卷，要求各村调研都要执行基本的“规定动作”和因村而异的“自选动作”，了解和写出每个村的特色，写出脱贫路上的风采以及荆棘！对每部报告我们都组织了专家评审，由作者根据修改意见进行修改，直到达到出版要求。我们希望，这套丛书的出版能为脱贫攻坚大业写下浓重的一笔。

中共十九大的胜利召开，确立习近平新时代中国特色社会主义思想作为各项工作的指导思想，宣告中国特色社会主义进入新时代，中央做出了社会主要矛盾转化的重大判断。从现在起到2020年，既是全面建成小康社会的决胜期，也是迈向第二个百年奋斗目标的历史交会期。在此期间，国家强调坚决打好防范化解重大风险、精准脱贫、污染防治三大攻坚战。2018年春节前夕，习近平总书记到深度贫困的四川凉山地区考察，就打好精准脱贫攻坚战提出八条要求，并通过脱贫攻坚三年行动计划加以推进。与此同时，为应对我国乡村发展不平衡不充分尤其突出的问题，国家适时启动了乡村振兴战略，要求到2020年乡村振兴取得重要进展，做好实施乡村振兴战略与打好精准脱贫攻坚战的有机衔接。通过调研，我们也发现，很多地方已经在实际工作中将脱贫攻坚与美丽乡村建设、城乡发展一体化结合在一起开展。可以预见，贫困地区的脱贫攻坚将不再只局限于贫困户脱贫，我们有充分的信心从贫困村发展看到乡村振兴的曙光和未来。

是为序！

李培林

全国人民代表大会社会建设委员会副主任委员

中国社会科学院副院长、学部委员

2018 年 10 月

前 言

2013年11月，习近平总书记在湖南省湘西考察时提出“实事求是、因地制宜、分类指导、精准扶贫”的四点要求，第一次明确了“精准扶贫”的重要思想。2014年3月，习近平总书记在全国“两会”期间针对贫困问题，强调要实施精准扶贫、瞄准扶贫对象、进行重点实施，进一步阐释了精准扶贫的重要理念。2015年6月，习近平总书记在贵州省调研期间强调要科学谋划好“十三五”期间的扶贫开发工作，确保贫困人口到2020年可以如期脱贫，并提出扶贫攻坚“贵在精准、重在精准、成败在于精准”的重要指导思想。

学术界关于扶贫的研究由来已久，关于精准扶贫的研究也有所涉及。20世纪70年代以来，学者们开始探讨如何把有限的扶贫资源准确传递到目标人群手中，这种目标瞄准式的扶贫一般通过社会保障或者就业措施形式实施，理论研究主要集中于扶贫措施的有效性、成本与收益以及可持续性等层面。

此次大型调研活动是由中国社会科学院组织的国情调研特大项目“精准扶贫精准脱贫百村调研”，项目受到相关单位的高度重视，中国社会科学院副院长、党组成员李培林担任总课题组组长。项目在全国范围内选取了最具有代表性的100个贫困村作为调查对象，组织专家学者进行了为期两年的跟踪调研，通过深入了解这100个贫困村的现状、造成贫困的原因、扶贫的主要措施和所取得的成效，提取出具有广泛性的、可推广的扶贫经验，并基于此提出相关的政策建议。

2016年12月12日和2017年4月26日，调研组先后两次奔赴云南省昆明市以及大理白族自治州，深入当地贫困的少数民族乡村，同当地人民银行支行、银监局、市委市政府、政策研究室、市扶贫办、乡政府、驻村扶贫工作队、格莱珉项目部相关领导及负责人就普惠金融助力农村地区精准扶贫问题进行了调研和座谈。

2020年要全面建成小康社会的核心就是进行精准扶贫，普惠金融作为精准扶贫重要模式，即利用金融手段对贫困地区扶助。富滇银行引进了格莱珉系统进行试点并希望以后能够进行推广，取得了初步经验。课题组通过对其模式进行研究，发现有很多可借鉴的经验。格莱珉银行作为穷人的银行，主要特征非常明晰，包括：五位贷款人成立互助组，进行小组共同承诺的行为，这也是社区互动的一种方式；提炼出人的社会角色，包括信用的重建、乡村社会角色的重建、妇女角色的提振；加入者劳动创造收益的行为，每一个加入者都要承诺对美好生活的向往。通过一系列的乡村互动模式，形成新的乡村信用的重建，进行勤劳致富，达到共同解决贫困问题，这是格莱珉银行的一些想法，与我国精准扶贫和普惠金融强调的“对乡村的改造”以及“乡村社区的互动”和“乡村建设”是非常一致的。

格莱珉银行的终极目标是解决底层家庭的贫困，通过它的模式来帮扶乡村社区中金融界不可接触的底层人群和家庭。从运行模式来看：第一，格莱珉银行的目标客户是底层人群、贫困家庭，尤其是妇女；第二，产品模式为无抵押无担保贷款，贷款人五人组成一小组，三个小组以上组成一个中心，通过小组和中心这种组织形式，建立一个系统；第三，希望帮助农户培养信用，建立个人信用报告纳入中国主流的信贷系统，相信穷人是善良的、穷人是可信任的（这是最基本的理念）。

通过实地调研，针对项目实施的特点和困难，课题组认为，学习、借鉴“富滇—格莱珉扶贫贷款”模式要与中国农村经济发展实际相结合，在全国范围先开展试点，由点及面，边总结、边修正、边推广，发挥示范带动作用。具体建议如下。

第一，强化顶层设计。将“富滇—格莱珉扶贫贷款”创新模式纳入国家精准扶贫体系，辅以财政、税收、金融等政策倾斜，确保项目推进可持续。一是与中国人民银行现有政策对接，利用扶贫再贷款降低银行资金成本、撬动银行资金供给；二是与现有财政政策对接，纳入扶贫贴息贷款、涉农贷款增量奖励、农村金融机构定向费用补贴等政策考核范畴，同时给予税收减免，提高金融机构积极性；三是完善风险补偿机制，为发放到户贷款、项目贷款筹措足额风险补偿金。

第二，遵循市场化原则。既要有政府政策的适当扶持，又不破坏市场运行机制，发挥利率市场定价机制，依据还款意愿和自我发展能力意识，在中央“五个一批”精准划分基础上精准对接贷款对象。同时，政府在市场导向、技术辅导等层面给予适当扶持，引导贫困户逐渐摆脱政策依赖，适应市场化要求。

第三，建立正向激励机制。探索制定激励政策，形成内外部物质 + 精神正向激励机制，鼓励探索形式多样的精准扶贫模式。不断拓宽社会捐赠渠道，挖掘团队捐赠的潜力，与个人捐赠形成互补，引导多元化社会资本注入，支持社会各方力量参与扶贫。

第四，发挥“挂包帮”政策优势。借鉴“富滇—格莱珉扶贫贷款”模式的理念和做法，一是依托现有的农村金融资源和“挂包帮”公共关系网络，利用农村熟人社会治理机制，建立“金融客户经理 + 党支部 + 扶贫工作队员 + 农业技术人员”工作机制；二是在现有格莱珉中心会议基础上，贴近农户需求，将会议内容进一步拓展，注入“农业技术培训”“农产品营销”等知识，实现精准帮扶。

目 录

第一章

太邑村基本情况

第一节　基本村情

太邑行政村为太邑乡政府所在地，地处云南省大理市境内西部、西洱河以南，东与下关镇的温泉村接壤，南与巍山县永建镇接壤，西与太邑乡桃树、乌栖两个村相连，北与漾濞县平坡镇毗邻，大保高速公路穿境而过，是大理市欠发达的山区村。全村有 42 个自然村，60 个村民小组，8 个支部，125 名党员。村民居住比较分散，居住海拔最低的是栗子园村民小组（1550 米），最高点为猪街子村民小组（海拔 2600 米），属高山峡谷地形，是典型的立体气候属地。全村现有 2536 户，总人口 9199 人，其中纳入贫困建档立卡户 211 户 689 人，是个多民族聚居村。其中汉族有 235 人，占 9.7%；彝族 1319 人，占总人口的 54.4%；白族有 850 人，占 35.1%；此外还有傈僳族、景颇族等。2014 年全村经济总收入 4743 万元，人均纯收入 6400 元；人口密度为每平方公里 92.3 人，全村总面积 22.37 平方公里，法定面积 941.1 亩，人均占有耕地面积 0.38 亩。全村均适宜于一年两作物，大春以玉米为主，小春以小麦、豌豆、蚕豆等作物为主，主要的经济林果有核桃、板栗、柿子、梅子、竹子等。

截至 2017 年底，已实现通电、通路、通电话、大部分通自来水，基本实现路灯覆盖。太邑自然村共有 92 户，有 84 户通自来水，有 8 户还存在饮水困难或水质未达标（占农户总数的 8.7%）。全村每户实现通电，且每户拥有电视机；安装固定电话或拥有移动电话的农户数 90 户，其中拥有移动电话农户数 88 户（分别占总数的 97.82% 和 95.65%）。

太邑自然村到乡镇道路是土路，进村道路为土路路面；村内主干道大部分为未硬化的路面；距离最近的车站 1 公里，距离最近的集贸市场 1.3 公里。全村共拥有汽车 10 辆、拖拉机 12 辆、摩托车 24 辆。

太邑自然村建有沼气池农户 88 户；装有太阳能农户 82 户。耕地有效灌溉面积为 64 亩，其中有高稳产农地面积 64 亩，人均高稳产农地面积 0.17 亩。该村到 2017 年底，农户住房以土木结构住房为主，其中有 40 户居住砖混结构住房，有 50 户居住土木结构住房，还有 2 户居住其他结构的住房。

第二节 基础设施建设情况

2015 年，太邑行政村完成新挖上杉树林小组的入村公路，全长 4 公里，投资 50 万元；完成东片公路拓宽、硬化工程，全长 11 公里，投资 270 万元；完成太邑、迎河、栗子园、大坪地、陈家村的人畜饮水问题，总投资 60 万元。

2016~2017 年，完成清水沟至大坪地的公路连线工程，总长 3 公里，投资 25 万元；完成杉树林至先生邑的公路连线工程，总长 5 公里，投资 40 万元；完成青峰路至大坪地村的公路拓宽和坦石路面建设工程，总长 4 公里，投资 50 万元；积极争取项目，采取“一事一议”等多种渠道，完成辖区村心路硬化工程，全长约 10 公里，投资 300 万元；完成修复太邑大沟、六温大沟、木白么大沟、杉树林大沟等六条农灌渠，总长约 15 公里，投资 150 万元；完成太邑至栗子园新挖公路，总长 4 公里，投资 60 万元。

第三节　产业发展规划

一　发展种植产业

（一）核桃种植产业

通过十多年的努力，全村核桃种植面积已达 1.6 万亩，年产值达 1000 多万元，为巩固好核桃产业的初步成果，加强科学技术管理，进一步提升产值效益，并做大做强，使其真正成为太邑村村民的支柱产业，计划每年投资 20 万元作为核桃产业提质增效资金。此外，针对山区村山多地广以及初具规模的核桃产业优势，计划采取核桃 + 魔芋的方式积极利用资源发展林下种植业。

魔芋又名鬼头、花连杆，学名蒟蒻，属天南星科多年生草本植物。魔芋的营养成分极为丰富。据测定，魔芋中含有大量的葡甘露糖和 17 种人体所需的氨基酸，以及多种不饱和脂肪酸。据《本草纲目》和《中药大辞典》等医学专著记载，魔芋有消肿、散毒、化痰、通脉、健胃等功能，因此受到世界保健食品市场的青睐，风靡东南亚。魔芋适应性广，对土壤、气温等条件要求不高，平原、山区、田边地角、房前屋后均可种植。因此，开发利用魔芋前景广阔。充分利用村里的核桃产业资源优势，积极发动村民在自家的核桃树下种植魔芋，按照计划在 2015~2017

年完成1500亩，计划投资450万元，切实提高土地复种指数，让土地产生最大的经济效益，以实现农业增效、农民增收。

（二）药材种植产业

根据太邑村地理位置、气候及土壤条件，计划发展以林下种植为主的药材种植产业，依据市场价值走势，太邑村计划着重发展重楼[①]、天麻等药材种植产业，以适应市场的需求，跟上社会步伐。目前，太邑村辖区内药材种植面积已达50亩，以重楼药材种植为主、其他药材种植为辅。在2014年内，太邑村辖区内已有若干重楼种植户在重楼买卖交易中获利30万元以上，可见重楼药材种植对提高辖区居民的生活水平起到了一定的促进和推动作用。所以太邑村要大力宣传和发展重楼种植产业，推广和扩大农户种植面积，争取到2017年做到种植面积扩大至300亩左右，需总投资300万元，做到药材种植产业在一定程度上带动太邑村的经济发展。

（三）水果种植产业

太邑村要根据实际情况因地制宜，由村委会班子成员带动村民小组长，再由村民小组长发动群众引进和种植适应当地的水果品种，通过摸索和研究确定出最适应当地的水果品种并进行科学种植。在水果种植业发展上力争做到

① 一种中药，干燥根茎可入药，有清热解毒、消肿止痛、凉肝定惊之功效。

每个村民小组种植一种最适应当地的水果品种，例如，猪街子发展冬桃水果业，先生邑发展黄金梨水果业，陈家村发展梅子和桃子果林业，杉树林发展优质梨水果业等，西洱河沿线五个自然村江星、太邑、大脚、迎河、栗子园发展水蜜桃，山赖口、格早平、清水沟、大坪地等发展猕猴桃，这样一来，形成一村民小组一品的发展格局。

二　发展生态养殖产业（土鸡、土猪、黑山羊养殖）

随着社会发展和人民生活水平的提高，人们对生活质量的要求越来越高。太邑村抓住辖区内山区生态较好的优势，计划在先生邑、猪街子投资50万元，发展土鸡养殖重点户2户，在2016年内达2万羽，2017年在全村范围内形成太邑土鸡养殖合作社，同时培植土猪、黑山羊养殖产业，一年内做好重点扶持示范户3~5户。初步定向培育优良土鸡、土猪、黑山羊品种，两年内初步推广到部分农户中发展起来，同时成立合作社，使更多农户积极参与到合作社当中，争取将土鸡养殖产业推广到大部分农户当中并做大做强，真正打出太邑土鸡的好品牌，做到一定程度上提高太邑村民的生活水平。

三　开发温泉资源

近年来，温泉旅游开发在多种行业中受到高度重视，利用好温泉水资源的优势，加大招商引资力度，引进企业开发好温泉水的资源，带动西洱河沿线五个自然村（太邑、大脚、迎河、栗子园、江星共230户900多人）打造庭院经济。当前太邑村委会计划引进企业和争取项目资金，借用温泉水的开发使西洱河沿线五个自然村发展休闲娱乐、旅游度假、饮食服务等行业，带动村民增收、经济发展，使太邑村的温泉资源得到有效充分的利用，另一方面带动太邑村整体经济的发展。

四 加强学前教育

治穷先治愚。贫困地区落后原因主要是思想文化的落后，迫切需要文化教育提上去。太邑村的教育事业在上级党委政府的高度重视下，辖区内的一所完小基础设施完善了很多，现在有了很好的环境，但当前的学前教育很薄弱。2015年在市教育局和乡党委政府的关心下，利用市民族中学的闲舍楼办起了一所幼儿园，但只是办起开学而已，现在才可容纳70多个学生，空间小设施差，和上级要求的办学条件还有很大差距。为了尽快消除贫困，必须加大教育的力度。太邑村计划重新选址扩大校园和基础设施，提高教学质量，面向周边的其他村寨增收学生，打好脱贫致富快速发展的第一基础。

第二章

普惠金融的国际实践

第一节　普惠金融的含义和特征

普惠金融（Inclusive Finance），也被称作“包容性金融”。联合国在 2005 年第一次明确提出普惠金融概念，并界定普惠金融是一个能有效地、全方位地为社会所有群体和阶层提供金融服务的体系，强调通过政策扶持和完善市场机制，使小微企业和贫困人口能够获得价格合理、方便快捷的金融服务。目前的金融体系尚未向社会所有人群提供卓有成效的金融服务，联合国提倡通过小额信贷（微型金融）的发展，推动这种金融系统的形成。

笔者对普惠金融的内涵做如下阐释。首先，普惠金融强调尊重人权的理念：每个人都应该具有得到金融服务机会的权利。只有如此，才能激发每个人参与和推动经济发展的热情，才能实现人民的共同富裕和社会的和谐发展。其次，为保证金融服务的覆盖面，就要在金融领域进行创新，包括制度创新、机构创新和产品创新。最后，建立普惠金融体系的主要目的是弥补传统金融机构服务不到低端客户（包括最贫困阶层）的缺点，因此，小额信贷或微型金融机构将可能是为小微企业和贫困阶层提供金融服务的重要载体。

普惠金融的主要特征如下。第一，逐步涵盖整个金融体系和各阶层人群，并保证持续稳步发展。普惠金融的根本属性是广泛的包容性，其会以能够承受的成本及时有效地向社会各类群体尤其是贫困阶层提供必要的金融服务，并确保金融运行的社会绩效与经济绩效平衡发展。第二，普惠金融实施的载体——企业往往要担负相应的风险和成本。普惠金融的包容性决定了金融普惠过程中企业的风险性大为增加、付出的成本相对较高、回报率一般较小等特点。因此，政府和各金融机构只有深入和积极参与普惠金融体系的建设，结合本国实际情况，并根据优势和劣势实行合理安排，才能达到金融普惠的效果。[①] 第三，国际组织和各国政府正在共同努力积极推进普惠金融发展。2008 年国际金融危机以来，普惠金融得到国际社会广泛关注，也成为二十国集团（G20）一个重要议题。2009 年以来，二十国集团成立普惠金融专家组（Financial Inclusion

① 高洋:《普惠金融研究综述》,《中国集体经济》2015 年第 22 期。

Experts Group，FIEG），并推进建立全球普惠金融合作伙伴组织（Global Partnership of Financial Inclusion，GPFI），促进构建世界范围的普惠金融指标，设计中小企业融资问题典范的资助框架等，取得了相应效果。同时期成立的金融包容联盟（Alliance for Financial Inclusion，AFI）等国际组织，也在督促各经济体明确做出金融普惠目标的相关承诺，并评估各经济体普惠金融工作效果。同时，各国也积极推进普惠金融发展。新兴经济体和一些发展中国家在普惠金融方面做出了大量努力，取得了一定成效。巴西、墨西哥、孟加拉国和印度尼西亚等国的实践具有重要意义。①

第二节　普惠金融的国内外发展现状

一　孟加拉国普惠金融实践代表——格莱珉模式

格莱珉银行于1976年起源于孟加拉国的乔布拉村。当时，格莱珉银行创始人穆罕默德·尤努斯教授在大饥荒后到一个名为乔布拉村的地方调查发现，该村制作竹凳的赤贫妇女苏菲亚连购买竹条的5塔卡（相当于22美分）都没有，需要借高利贷购买竹条，而她则需要付出把所编

① 焦瑾璞：《普惠金融的国际经验》，《中国金融》2014年第10期。

的凳子廉价卖给放贷人的代价，这使她每天辛苦劳作的收入只有一两美分，这点收入不仅要为自己购买食物，还要培养几个孩子，因此尤努斯教授决定借予苏菲亚5塔卡。此后，尤努斯教授又向该村42位赤贫村妇借出856塔卡（按当时的汇率不到27美元）。让他意外的是，她们最终还了钱，而且按时还款。从此，尤努斯开始了他的穷人银行计划。70年代末，他开展了一项向穷人发放贷款的实践项目——格莱珉银行项目。1983年，按照孟加拉国议会实行条例，格莱珉银行正式成为一家独立的金融机构。

格莱珉银行主要致力于为贫困阶层的妇女提供适量、小额、价格合理以及无抵押担保的贷款，还派专门的工作人员提供上门服务并定期展开对客户影响的评估，凭借开放透明的交易方式为众多贫困家庭带来较大福利，明显改善了贫困阶层群体的经济状况和生活水平。实践表明，在合理的运作机制和制度安排下，低收入阶层完全能够按规定还款，打破了“无恒产者无恒誉”的思想观念，也激发了广大农村妇女参与劳动和创收的积极性。格莱珉小额贷款的主要特征如下。①专门针对孟加拉国贫困地区人群（包括最贫困人群），尤其是向贫困女性发放贷款。②将贷款视作人权来推广。③借款人组成小组、中心，贷款小组成员间承担连带保证责任，小组内部互相支持和监管。④为穷人及其他人提供存款计划。⑤不是客户来找银行，而是银行主动去寻找需要服务的人群。⑥为贫困阶层带来创业的机会，快速增加其收入。

这一模式最初十多年运行良好，并且基本覆盖全国范围。但是，到90年代后期，这一模式便出现了问题。1995年，格莱珉银行小额贷款的女性客户要求退出会员中心，并要求取走小组基金。这使格莱珉银行经历了一次前所未有的危机。加之1998年洪水灾害造成许多会员财产损失严重，格莱珉银行的还款率降到历史最低水平（80%）。从银行角度看，小组联保模式自身也存在贷款模式和还款方式的固化和教条化等缺点。经过这次危机，格莱珉银行深刻反省体制内存在的问题，并意识到，如果想维持可持续发展，必须拓宽资金来源渠道，维持可持续经营。因此，1998年后，格莱珉银行决定进行为期两年的改革。人们把2001年至今，摆脱对补贴的依赖，走向可持续运营的发展模式，称为格莱珉模式二。第二代格莱珉银行是建立在第一代格莱珉银行相信穷人的革命性理念基础之上的，并把它制度化。如"灵活贷款"安排，建立了贷款保险体系，改变了小组贷款做法，更多针对个人放贷。为了拓宽资金来源渠道，格莱珉银行模式二还发明了多种创新型产品。比如，格莱珉模式二提高了小组会员存款资金额度（目的是作为应急资金以及小组成员不按时还款时使用），要求贷款申请人每周存入5塔卡，成为会员以后存入贷款金额的2.5%。2002年，格莱珉银行实行新储蓄规则，首次向非会员开放存款，推出针对会员和非会员的GPS养老金计划、七年翻番计划、月度收入计划等。格莱珉官网数据显示，截至2015年11月，格莱珉银行自成立以来累计发放贷款额度为180.8亿美元，偿还贷款额度为165.8亿美元，贷款回收率达91.7%，覆盖村庄81392个，有2568个分支机构。格莱珉银行凭借科学的商业化经营模式和先进的贷款管理手段，保证了发展的可持续性，为世界各国小额贷款还款难、风险高，小额信贷企业难以自负盈亏等问题提供了成功经验。[①]

二 印度尼西亚金融扶贫实践：BRI-UD 模式

印度尼西亚人民银行（BRI）从 1983 年开始独立商业化运营，21 世纪初发行股票上市，是印度尼西亚五大国有银行之一，主要承担零售银行、商业银行、投资银行和农村小额信贷等四大业务，其中专门设立的小额信贷部——印度尼西亚人民银行小额贷款部（BRI-UD）专门为农业和农村地区居民服务。[②] 这种模式是一种以正规金融机构作为小额信贷经营机构运作模式的典型范例，[③] 被认为是国际上普惠金融的一个重要代表，也是较成功的乡村银行模式之一，在向印度尼西亚大量贫困者提供可持续信贷的同时，商业层面亦获得了巨大成功。截至 2014 年，政府在 BRI 中所占股份达到 57%，公众占有股份为 43%。BRI 资产规模较大，净利润也在印度尼西亚银行业中居首，各项指标在印度尼西亚同业中都具有显著优势。[④]

BRI-UD 模式的主要特征如下。第一，BRI-UD 的贷款

① 陈郁城：《普惠金融国内外发展现状及比较分析》，《新经济》2016 年第 11 期。
② 周孟亮、彭雅婷：《我国金融扶贫的理论与对策——基于普惠金融视角》，《改革与战略》2015 年第 12 期。
③ 王金：《国外四种比较成功的小额信贷模式及对我国的启示》，《内蒙古金融研究》2013 年第 6 期。
④ 叶向阳：《普惠金融与小额信贷发展的国际比较及启示》，《中国总会计师》2016 年第 5 期。

对象并不针对最贫困的农户，而是信用状况合格、有潜力的农村中低收入人群和小微企业等具有还款能力的群体，且实行较为便捷的贷款业务程序：包括客户提交贷款申请、村银行信贷员实地调查以及贷款审批等。第二，BRI-UD推行较高的贷款利率以及鼓励储蓄的政策，在降低运营成本、相关风险及通货膨胀影响的同时，保证银行运行的可持续性。第三，保证信息透明度，为客户及时有效获取信息提供便利。印度尼西亚人民银行下设地区人民银行、基层银行和独立营业中心，通过层层监管对基层充分放权，在各农村乡镇中心设立的村级信贷部和服务站一般可以覆盖十几个村庄，这些部门对各个村庄的情况较为了解并能做出适当的贷款计划，不仅减少了运行成本，还实现了规模化经营，也为广大农村地区提供了有效的金融服务。目前，印度尼西亚人民银行是全球为农村提供金融服务的最大国有商业性金融机构之一。第四，印度尼西亚人民银行在保护客户权益方面也做出了较大努力。银行要求基层组织以书面形式，完整、清晰地向客户提供产品信息，并保证有专门工作人员负责处理客户的投诉，并强制其在20个工作日内解决客户的问题。①

BRI的愿景是“成为始终将客户满意度放在首位的领先商业银行”。BRI多年来专注于为微型、小型和中型企业提供优质的金融服务，以支持国民经济的发展。BRI的持续快速发展得益于以下几个方面。①强大的网络组织结构。为数众多且大范围的营业所布局，使客户获取金融服务更为方便快捷。

① 周孟亮、彭雅婷:《我国金融扶贫的理论与对策——基于普惠金融视角》,《改革与战略》2015年第12期。

②较强的风险管控能力保证了业务运行的可持续性。BRI 通过分散的小额信贷严格的担保制度并借助于政府的支持较好地分散风险，使自身实现可持续性发展。③ BRI 小额贷款产品较高的利差使其保持良好的发展态势。2014 年 BRI 的净息差达到 8.5%。正是由于多年来实施的小额贷款业务，BRI 才能在为广大农村地区提供金融便利的同时，保证自身的商业化效益。[①]

三　墨西哥普惠金融的发展——康帕图银行模式

康帕图银行（Compartamos Banco）是墨西哥最大的小额贷款机构，也是本国第一家上市的微型金融机构。其上市对推动墨西哥普惠金融的发展具有重要意义。Compartamos 顺利完成小额贷款公司向商业银行的转型并上市融资，这有助于其自身可持续发展目标的实现，实现了社会效益和经济效益的有机结合，并且在全社会监督的情况下有利于资本积累。1990 年 Compartamos［非政府组织（NGO）］以试点项目的形式建立，作为一家非政府组织为边远地区的农村、社区中的家庭微型企业和妇女等弱势群体提供小额贷款。在 2000 年，它开始作为一个以营利为目的的公司，在 2006 年以后相继获得商业银行执照并上市，已发展成为墨西哥影响力较大的金融机构，其分支机构遍布墨西哥大部分地区。目前，共有大约 3 万名存款客户、200 多万名贷款客户，主要客户是从事手工艺、粗加工、餐饮业等低学历妇女个体户和群体。

① 叶向阳:《普惠金融与小额信贷发展的国际比较及启示》,《中国总会计师》2016 年第 5 期。

康帕图银行之所以能取得如此的成果在于以下几个方面的原因。一是合理有效的市场定位。墨西哥官方数据显示，截至2011年底，墨西哥现有失业人口、自由职业者等非正式就业人口上千万，在总就业人口中的比重接近30%。基于这种现实，康帕图银行将市场定位于这些非正式就业群体，并主要服务于妇女，为她们提供流动资金贷款。二是得益于稳妥科学的借贷机制。康帕图银行主要采取团体贷款和整贷零还，循序渐进的借贷款机制。团体贷款主要是通过采取连带责任、停贷威胁、横向监督和社会制裁等方式将团体成员紧密联系起来，使团体成员利益相关、相互依赖并相互督促，形成一种社会担保抵押；同时，康帕图银行对借款人的放贷额度随着其累积的信誉增长而增加，还款则采取分期方式，并派工作人员跟踪每笔贷款的运作情况，确保贷款的偿还率。三是良好的产品设计。康帕图银行的小额贷款产品主要有妇女小额贷款、小企业小组贷款、房屋改善贷款和人身保险等。其中，以妇女小额贷款为主，只有当客户完成1~2轮贷款后，才具有申请其他额外贷款产品资格。银行还为每一位申请妇女贷款的客户及其家庭提供一份免费的人寿保险产品，受到大量客户的青睐。

2005年以来，墨西哥政府积极推进政策和法律法规改革，由国家财政和公共信贷部发起，中央银行和证券业委员会配合，共同制订了多个“国家发展计划”，推动银行体系改革，大力推进普惠金融发展。政府通过加强金融机构的透明化、使得为贫困群体提供金融服务的机构合法化、保护借款人的权益、提供多元化的金融服务、积极宣传经济金融知识等途径使金融服务深入千家万户，以实现普惠金融目标。同时，政府还不断促进金融基础设施建设。经过十多年时间，墨西哥的银行分支机构数量、POS机数量、ATM机数量和代理银行数量等都有较大幅度扩充。

2007年，墨西哥中央银行和证券业委员会将建立“健全的普惠银行体系”纳入职能范围，制定并实施了一系列相关措施，通过电子支付发放社会福利、免费开设移动支付存款账户和办理公司业务等；在规范金融市场秩序、加强信息披露等方面提出严格要求；允许专业型银行实行差别监管，根据目标服务人群的不同，提供多样化服务；推动非金融机构在农村地区提供金融服务，将小型信贷机构纳入正规吸收存款机构管理，保证风险可控；广泛普及金融知识，打造金融教育强国，使贫困地区人民了解并主动接触金融服务，提高自身的生活水平。[①]

通过自身的合理发展和国家政策法规的支持，墨西哥的非正规金融机构和小微企业得以迅速发展壮大，作为商业化典范的康帕图银行的成功经验为其他国家的普惠金融实践提供了参考和借鉴。

四　巴西普惠金融典范——巴西联邦储蓄银行代理业务模式

巴西在推动普惠金融发展问题上较为注重创新性。典

① 陈郁城：《普惠金融国内外发展现状及比较分析》，《新经济》2016年第11期。

型代表是代理银行业务。20 世纪 70 年代，巴西首创代理银行模式。巴西央行将此模式定义为在银行无法设立分支机构的地区为民众提供金融服务渠道和手段，使银行和非银行机构在金融层面通力合作，以扩大金融服务的覆盖面。商业银行通过与代理商签订合约，推进无网点银行业务，零售商店、彩票销售点、药店、邮局等零售代理点承担银行业务，与银行签订的合同决定其业务范围与缴费标准。这种代理模式为缺少传统银行网点的边远、贫困地区居民提供存款、电子资金转账、信息传输等金融服务。在代理点办理业务，客户无须拥有银行账户，这促使享受金融服务的人口数量大幅增加。随着 1999 年扩大代理机构营业服务范围、相关限制法规的取消等新法规的颁布，代理银行业务得到快速发展，代理点在巴西所有金融机构网点中的比重达到 60% 以上。[①]2015 年底，巴西的银行服务机构达到 15 万个，覆盖国家全部城镇，其中代理银行数量为 8 万个，所占比重超过 53%。[②] 代理网点模式是一种新型普惠金融形式，是目前世界各国推进金融普惠的一个重要创举，可以在降低银行运营成本的情况下，迅速扩大银行的金融服务覆盖面，并以丰富的形式为客户提供服务。

与传统商业银行相比，代理网点制度的突出优点是节约银行的运营成本，一个代理商的投入成本仅是新建一个银行分支机构网点成本的 0.5%。这种模式也能降低银行的

① 焦瑾璞:《我国普惠金融现状及未来发展》,《金融电子化》2014 年第 11 期。

② 中国银监会银行业普惠金融工作部:《墨西哥、巴西发展普惠金融的做法和经验》，http://www.chinafga.org/hyfxyj/20160621/4854.html，2016 年 6 月 21 日。

财政负担，使银行可以将资源和资金等集中于发展其他业务，也可以带来更多创新型金融产品，同时使银行以较低的成本扩大金融业务、扩展服务范围等。

巴西联邦储蓄银行（Caixa）通过金融产品和服务创新，在提升普惠金融程度方面做出了一定努力，最为典型的是设计了一种简化的货币账户——CaixaAqu。2004年起，巴西监管部门推广账户分级制度，允许个人开立简化账户：客户只凭身份证、纳税档案号、居住证明即可在某一银行任何一个网点或代理商处开设账户，简化了开立条件和开户程序，无须再像传统方式那样经历烦琐的审批手续。账户确立以后，客户可以在代理商处将货币转换为账户中的虚拟数值，或进行提现、转账等。目前，巴西的代理银行模式为包括偏远贫困地区的民众带来了便利丰富的金融服务，极大地拉近了贫困人群与金融机构的关系，现已实现任一客户与最近银行代理点不超过3公里的距离。此外，巴西还针对低收入人群、农民和妇女等特殊人群设置了简化流程的小额信贷计划，如收入增长小额信贷计划（PNMPO）和增强农村家庭计划（Pronaf），通过开展这种小额信贷计划来提升特殊群体的生活水平。总之，巴西的代理银行模式为本国人民尤其是偏远地区贫困人口带来了较大福利，成为巴西普惠金融成功推进的典范。

第三章

村镇银行的兴起和发展

第一节　村镇银行的含义及其兴起

村镇银行是指由国家银行业监督管理委员会根据相关法律、法规批准，由境内外金融机构、企业法人、境内自然人出资，在广大农村地区设立的重点为农民、农业和农村经济发展提供金融服务的金融机构。[①] 自 2005 年联合国提出金融普惠思想以来，各国纷纷尝试采用各种方案和措施来积极推进农村金融服务良性发展。20 世纪 90 年代以来，大量农业银行离乡进城，农村信用社向农村商业银行改制，农村金融机构纷纷上行。而农村地区覆盖率较高的

① 李佳勋、李凤菊:《村镇银行发展现状及其存在问题探析》,《经济问题探索》2011 年第 3 期。

中国邮政储蓄银行尽管能为农村客户提供一定的金融服务，但由于政府没有正式赋予其扶助“三农”金融的义务，因此，广大农村地区出现了金融产品供给匮乏状况。[①] 为了解决中国农村普遍存在的金融服务真空问题，2006 年底，银监会推出有关调整放宽中国农村银行业金融机构准入政策的新政，允许各类资本在中国农村设立不同种类的金融机构。2007 年初，银监会出台了村镇银行有关管理条例，为村镇银行的合法化和发展提供了支持。同年 3 月，中国首个村镇银行——四川仪陇惠民村镇银行开始运营。由此，中国开启了村镇银行发展之路。[②]

第二节 村镇银行发展现状

村镇银行作为金融普惠实施的一种形式，既是金融机构在经营理念和经营方式上的创新，又是更好改进和加强广大农村地区金融服务、支持社会主义新农村建设、推动农村经济发展和社会和谐的重要实践。[③] 作为中国银行体

① 黄祖梅:《国际经验对我国村镇银行的启示与借鉴》,《价值工程》2016 年第 26 期。

② 张庆淑:《村镇银行发展面临的挑战及应对策略探析》,《河南财政税务高等专科学校学报》2011 年第 5 期。

③ 楚汴英:《村镇银行发展：优势、挑战与对策》,《河南财政税务高等专科学校学报》2009 年第 2 期。

系的新生力量，村镇银行与其他新生事物相似，都要经历一个从萌芽到成长再到成熟的发展过程。现阶段，村镇银行的发展现状表现如下。

一 村镇银行数量持续增加，覆盖范围迅速扩大

从数量上看，村镇银行的设立和组建处于持续增加状态：2007 年中国银监会批准设立了 18 家村镇银行，到 2009 年 6 月末，全国的 118 家新型农村金融机构中村镇银行达到 100 家。2009 年 7 月，银监会发布了《新型农村金融机构 2009—2011 年总体工作安排》，提倡在全国 23 个省份（西藏除外）和新疆生产建设兵团大力发展新型农村金融机构，尤其是更多地组建村镇银行。至 2009 年末，全国新型农村金融机构已有 230 家，基本上是半年前的 2 倍。[①] 在推广阶段组建的 172 家村镇银行中，东部地区 11 个省份设立的村镇银行达到 66 家，中部地区有 46 家，西部 12 个省份共设立 60 家。中西部地区设立的村镇银行数量占比约为 62%。[②] 根据我国统计数据，2010 年我国已有近 350 家村镇银行成立，而到 2012 年底，全国所组建的村镇银行达到 876 家，村镇银行数量迅速扩大。目前，村镇银行已几乎遍及全国所有省份，覆盖上千个县（市），占县（市）总数一半以上。组建的村镇银行中，中西部省份所占比重也在

① 许巍：《我国村镇银行发展中的主要矛盾及政策效果研究》，《财经视点》2010 年第 8 期。

② 宋伟：《我国村镇银行信贷模式与国际经验比较》，《商业经济研究》2015 年第 14 期。

逐渐上升。[①] 村镇银行设立的目的主要是为“三农”服务，中西部应是最需要村镇银行产生作用的区域，尽管中西部村镇银行所占比重偏小，但总体来看，中西部村镇银行的数量变化趋势较为乐观。

二　引领农村金融发展，鼓励政策不断出台

从2007年中国第一批村镇银行建立时起，在国家和部分社会群体的共同努力下，村镇银行的数量和覆盖率迅速增加，这种新型金融机构得到了快速发展。尽管国家支持农村金融发展政策的陆续出台，使村镇银行、贷款公司和资金互助社等新型金融机构共同发展，但与其他金融组织相比，村镇银行的发展却最为快速，形成了较大优势。因此，国家政策也开始向村镇银行倾斜，如允许符合要求的小额贷款公司改组为村镇银行，对村镇银行实行定向财政补贴等。[②] 另外，银监会于2009年发布的《新型农村金融机构2009—2011年总体工作安排》中提出全国共计划设立1294家新型农村金融机构的工作目标，其中村镇银行1027家。相应配套政策包括：在机构布局上，实施“东西挂钩、城乡挂钩”；在管理架构上，允许银行业金融机构主发起人成立村镇银行管理的事业部；在机构类型上，推进小额贷

① 刘爱玉：《对村镇银行发展的思考——以青海省为例》，《青海金融》2014年第7期。

② 宋伟：《我国村镇银行信贷模式与国际经验比较》，《商业经济研究》2015年第14期。

款公司改制为村镇银行的进程。① 国务院于 2010 年颁发的《国务院关于鼓励和引导民间投资健康发展的若干意见》中提到，鼓励多种资本发起或参与设立村镇银行、贷款公司、农村资金互助社等金融机构，放宽村镇银行中法人银行最低出资比例的条件。2010 年 4 月，银监会专门下发的《中国银监会关于加快发展新型农村金融机构有关事宜的通知》中指出，鼓励加大大中型银行的参与力度，同时也对东西部挂钩政策、主发起人范围、集中度要求等做出了必要的政策调整。截至目前，我国境内的商业银行、股份制银行、政策性银行以及外资银行作为发起行都在我国农村地区设立了由其控股的村镇银行。② 可以认为，这些文件在政策导向上为监管部门、发起人和村镇银行的发展等方面都提供了更为有利的政策空间。

三　业务范围有限，盈利水平较低

目前来看，村镇银行所能办理的业务相对较少：只可以办理一些储蓄存款业务和中间业务，大多不能提供结算和征信查询等相关服务，且没有开办联行卡业务，亦没有进入银联系统中，电子银行业务也较为落后，仅有相对较少的传统业务办理途径，多数村镇银行只能凭借发起行的电子结算平台办理相关业务。这些缺点导致村镇银

① 许巍：《我国村镇银行发展中的主要矛盾及政策效果研究》，《财经视点》2010 年第 8 期。

② 李佳勋、李凤菊：《村镇银行发展现状及其存在问题探析》，《经济问题探索》2011 年第 3 期。

行难以高效运行，与成熟的商业银行相比，其办理相关业务的便利性难以保证，尤其是作为可持续性基础的存款量会受到影响。

统计数据显示，2011 年村镇银行资本充足率较高，但存贷比较高。村镇银行的资产收益率从 2009 年的 0.49% 提高至 2011 年的 1.49%；权益报酬率从 2009 年的 2.27% 上升到 2011 年的 9.18%。虽然村镇银行因杠杆率低而存在风险易于控制的优点，但其资本利润率与商业银行和其他成熟的金融机构相比仍存在较大差距。③

四 监管逐步放宽，但政策支持力度仍须强化

2007 年《村镇银行管理暂行规定》明确提出，村镇银行的发起人或出资人中应至少有 1 家是合乎要求的银行业金融机构；在县（市）设立的村镇银行，其注册资本不得低于 300 万元人民币；在乡（镇）设立的村镇银行，其注册资本不得低于 100 万元人民币；任一境内银行业金融机构持股比重需要在 1/5 以上，单一自然人、非银行企业法人及其关联机构总持股比重保持在 1/10 以下，这些条件在某种程度上限制了村镇银行的发展。2009 年 8 月，银监会印发的《新型农村金融机构 2009—2011 年总体工作安排》中强调，要严格落实准入挂钩措施，在坚持审慎原则的同时，进一步提升村镇银行管理水平，制定银行业金融机构

③ 宋伟：《我国村镇银行信贷模式与国际经验比较》，《商业经济研究》2015 年第 14 期。

到不发达地区发起设立新型机构的监管激励政策。2010年《国务院关于鼓励和引导民间投资健康发展的若干意见》提到，鼓励民间资本发起或参与设立村镇银行、贷款公司等金融机构，适当放宽村镇银行或社区银行中法人银行的最低出资率，使村镇银行日益壮大成长，持续缓解农村金融供需矛盾、增强农村金融市场竞争，以更利于为农村地区提供高质量的金融服务。①

从政策层面看，国家自2007年以来陆续出台了一系列关于支持村镇银行发展的相关政策，在一定程度上使村镇银行的数量和质量均有所提升，但村镇银行的运营仍存在诸多不足，国家对于农村金融的倾向性政策仍须进一步强化。第一，国家在税收优惠政策方面需要给予大力支持。我国政策规定，对不发达地区农村信用社暂免征收企业所得税，其他地区农村信用社，按应缴纳税额减半征收，但村镇银行并没享有这些优惠。第二，目前的利率政策与村镇银行较高的经营成本并不相称，应专门针对村镇银行等农村金融机构的利率政策做出合理调整。②第三，信贷政策缺乏有力支持。目前，大部分村镇银行还不属于优惠利率贷款业务承办银行范围，导致村镇银行贷款对于民间资本开办的企业缺乏吸引力。且如果村镇银行一旦出现支付危机，基层央行将以何种方式介入并化解，需尽快出台相应政策。第四，国家需要出台相关政策支持村镇银行的支

① 曾之明:《我国村镇银行可持续发展模式与策略抉择》,《湖南商学院学报》2010年第2期。

② 李少龙:《我国村镇银行制度的缺陷及其新框架的构建——从温州试点说起》,《河北企业》2013年第6期。

付结算。村镇银行如何保证支付结算渠道的畅通以及支付结算的正常运行较为重要，若村镇银行的结算不纳入中国人民银行支付结算体系，将难以保证流动性风险的监测效果。[①]

① 曾之明:《我国村镇银行可持续发展模式与策略抉择》,《湖南商学院学报》2010 年第 2 期。

第四章

普惠金融的中国实践及中国化

第一节　格莱珉模式简介

格莱珉模式起源于孟加拉国，以格莱珉银行为主要运作载体。格莱珉银行主要是向那些无法提供抵押而被传统金融机构排斥在外的低收入人群提供小额信贷来帮助其脱贫致富。通过把穷人组织起来形成小组、中心，贷款小组成员间承担连带保证责任，借助于成员间的互相监督、支持和监管，格莱珉创造了有利于贫困人口获贷的金融和社会条件。更为重要的是格莱珉银行把穷人的获贷能力融入穷人的自我发展和落后地区的社会进步当中，穷人在获得贷款的同时也能逐渐提升自己的收入水平，为广大农村地区和赤贫人群带来了更为有效的财富提升空间，为全社会创造了真正的价值。格莱珉银行以借款人为股东，股东中97%是农村低收入人口，每笔小额贷款以100美元为单位，为饱受贫穷困扰的人群提供了一条便利而有效的贷款途径。截至2007年，格莱珉银行累计发放贷款达58亿美元，还款率高达99%，这种小额贷款方式为600多万名借款人（间接影响的人口达3000多万人）提供了福利，这些人中有50%以上实现脱贫。格莱珉银行自1976年（于1983年得到政府批准）创办开始到进入21世纪以前，除了自然灾害较严重几年外，一直保持盈利。通过特殊的制度安排，格莱珉银行成功地实现了即使在发达地区也难以实现的近乎100%的还款率。①

20世纪90年代以后，格莱珉银行的一些小额贷款客户要求退出会员中心，加之几次大型的自然灾害造成许多会员财产损失严重，90年代后期，格莱珉银行的还款率降到80%的历史最低水平。经过这次危机，格莱珉银行深刻反省运营中所存在的各种不足，并于20世纪90年代末进行了系统的改革和调整。人们把2001年至今，摆脱对补贴的依赖，走向可持续运营的发展模式，称为格莱珉模式二。第二代格莱珉银行采取“灵活贷款”安排，建立了贷款保险体系，部分调整了小组贷款的做法，增加了针对个人的放贷。为了保证资金充足性，格莱珉银行模式二采取鼓励借款人开立养老金账户并以一定比例存款、按储蓄存款调整贷款额度、建立借款人潜在偿还风险的预警机制

① 陈云:《格莱珉模式与我国农村金融改革》,《改革与开放》2009年第4期。

以及向非会员开放存款等多种融资方案。调整后的格莱珉模式二更大程度上降低了风险，使银行能够保持平稳健康运行。

格莱珉模式是国际上公认的、最成功的信贷扶贫模式之一。它扶贫面广、扶贫效果显著，且银行自身按市场机制运作，持续发展，显示出极强的生命力，目前全球有 59 个国家正在复制，而且既有一些欧美发达国家，又有亚洲、非洲、拉丁美洲的一些发展中国家。作为一种先进且有效的普惠金融实施方式，格莱珉模式以其开阔的视野、先进的经营理念和科学的商业化运营模式及贷款管理方式登上了世界经济和谐发展的舞台，为各国低收入人口摆脱贫困、实现共同富裕提供了一种新思路和可借鉴的途径，对世界的和平发展做出了一定贡献。因此，格莱珉模式的创始人尤努斯和格莱珉银行荣获诺贝尔和平奖实至名归。

第二节　格莱珉模式的适用性

一　格莱珉模式对传统经济理论的挑战

从传统经济学视角，将信用扩展到贫困人口的意愿本身就是富有改革性的一步。这意味着摒弃传统的认为没有抵押物就不能获得贷款的想法。持这些想法的大部分银行家在没有分析、质疑甚至思考的情况下，就把近一半的人口归入了不应该参与到金融系统的行列。

从更广范围看，格莱珉模式还挑战了一些经济学假设。首先，很多主流经济学的经济理论把人性过度简单化，从而假设所有的人都被利润最大化所驱动。相反，格莱珉模式的实践对这一假设进行了反驳，从实际出发，证实了在没有追逐利润最大化的情况下，有些经济行为仍有可能发生。其次，格莱珉模式还对“创造传统就业机会是削减贫困的唯一途径”的假设提出了质疑。这一假设曾促使很多经济学者、政府和援助机构积极推行各种支持政策。大量援助资金被投入大型政府项目中，私有资金被投入大公司中，雇佣数千员工，将穷人转变为富裕的纳税人，并振兴地方和区域经济。但经验证明这种方式并不可行，因为很多条件无法满足。而格莱珉模式却另辟蹊径，即通过提供小额贷款激发贫困人口凭借自己的劳动力开发产品和服务，抑或是通过提供资金支持鼓励贫困人口创办小微企业来摆脱贫困，使穷人自然地转变社会角色，从而创造出不可估量的巨大财富，也将创造应有的经济和社会价值。最后，传统经济理论通常不区分男人、女人和儿童，认为他们都包括在“劳动力”这一概念中，即经济理论的世界观认为社会是由男性主导的，而格莱珉模式则明确把劳动力区分为男性和女性。在格莱珉模式中，男人和女人被视为能力和需求有差异的人。通过观察借款人的行为可以看到，男人挣钱后更倾向于自己消费，而妇女获得收入后会使整个家庭尤其是儿童受益。格莱珉模式首先关注的是妇女，随后注意到儿童，应该消除经济困难家庭中下一代身上的贫困烙印，帮助他们树立信心和理想。格莱珉模式之所以不为妇女提供赠款或者免费资助，是为了通过偿还贷款的压力激发他们的创造力，这种运作模式也是经济可持续发展的一个重要途径。

二　格莱珉模式的业务内容及可行性

格莱珉模式取得成功的一个重要原因之一在于，格莱珉银行在实现目标客户覆盖贫困人群的基础上，形成了完备的借贷程序、小组联保的担保模式、科学的会员培训方式和员工招募管理、激励机制——格莱珉模式主要是通过格莱珉银行向农村的贫困妇女（她们不像男人一样会挥霍贷款，而是将贷款用于生产性活动、建造房屋以及下一代的教育投入等）发放贷款以及通过特定方式吸收存款而展开运营。具体情况是，格莱珉银行的会员五人一组自发结成团队（同组中的任意两人不能有亲属关系或者其他紧密联系），当五人中的任意一人准备申请贷款时，都必须经其他四位成员同意。小组为成员的贷款承担共同责任，通过小组联保和互动来代替抵押以保证较高的还款率。这样的小组就像一个小型的社会网络，帮助她们并促成组员间相互鼓励和精神支持的环境（在遇到困难时，组员间还可以提供互助），还会帮助组员熟悉“企业”运作。同时，由6~8个小组组成一个中心（全国约有13万个类似的中心），银行工作人员通过召集10~12个小组定期召开会议，组织会员申请贷款并且监督其还款，使穷人在自己的社区获得信贷服务，同时降低还款风险；强制组员定期存款，以提高成员的金融自律并为小组产生金融担保品。此外，例会还会提供一些鼓励、说明和技术指导活动，进行生产活动和商业创意讨论、介绍健康和金融知识、传播小组活动经验等。

可以肯定的是，格莱珉银行这种基于团体的组织方式是格莱珉模式获得成功的一个重要条件，小组产生的积极社会压力以及中心向借款人提供的鼓励，使得借款人能够保持信心。通过调查发现，借款人之所以能如期偿还贷款，是由于借款人背负着小组的义务和责任。

在银行员工的招募、管理和激励机制方面，格莱珉银行也有其独特的理念和方式。银行通常偏好于招募并培训年轻聪明的毕业生来提供相关金融服务，以减少怠工、腐败等。格莱珉银行招聘员工的过程非常严格，只有拥有硕士以上学历的人才能竞聘管理人员，非管理人员也至少是高中生，应聘者必须要通过严格的笔试和面试，面试通过后需要参加为期12个月且有35%淘汰概率的高强度培训项目，在通过培训后还要再一次通过考试才能获得永久职位。格莱珉银行这种严格的招聘程序，使其遴选出许多优秀的适合格莱珉企业文化的职工，保证了充足的人力资源供应；与孟加拉国普通的国有银行或私有银行工作人员的工作地点和方式不同，格莱珉银行的职员需要在偏远的乡村工作，每天都要去村里访问银行的会员，通过每周的小组会议、参与农户生活和生产决策等活动而与农户频繁接触，从而获得相对于传统机构来说很难核实、传递和标准化的“软信息”，并以此作为借贷的主要依据。为了激励员工，格莱珉银行给予员工的待遇非常优厚，在格莱珉工作满 10 年或表现突出的员工就符合自愿退休的条件，如果一名工作人员工作 10 年以后退休，退休金可以达到退休前月薪的 50%，其中一半的 130 倍作为一次性补偿，另一半的 130 倍作为健康保障；如果工作 20 年退休，退休金相当于退休前的 80%，一半的 200 倍作为一次性补偿，另一半的 140 倍作为健康保障。

三　格莱珉模式的可持续性

格莱珉模式颠覆了几百年银行业的法典——借贷给无抵押担保的贫困人群，并建立了一个基于互信、责任、参与和创造力的银行系统，使得格莱珉银行在帮助弱势群体获得资金支持的同时，实现了机构自身的可持续发展，也因此成为世界上备受关注的普惠金融实践模式。

格莱珉银行自 1995 年起已经能够自立而不依赖任何外来资助。到 21 世纪初，格莱珉银行进行了一次较大的改革和调整：采取“灵活存贷款”安排，建立了贷款保险体系，部分调整了小组贷款的做法，增加了针对个人的贷款。为了保证资金充足性，其还向非会员开放存款，推出了针对会员和非会员的 GPS 养老金计划、七年翻番计划、月度收入计划等多种融资方案。调整以后的格莱珉模式更大程度上降低了风险，其以更快的速度发展壮大起来，储蓄也达到了贷款总额的1.56倍，财务状况与以前相比也大为改观，2006年银行利润达到2000万美元，首次进行了分红（以前的政府限制有所变化），借款人作为银行股东也参与了分红。截至2016年2月，格莱珉银行发放贷款186.7亿美元，还款率达98.52%，服务于881.9万个家庭，覆盖孟加拉国81392个村庄，拥有2568个支行。总而言之，除个别年份（1983年、1991年和1992年）外，格莱珉银行始终保持盈利。格莱珉银行的一些制度安排和运作机制具备向贫困人群提供金融服务的可行性，机构也因此得以持续健康发展。

第三节　格莱珉模式的中国实践

——基于云南大理太邑乡的分析

据估计，在中国每天有1.3亿人的消费还不到1美元。在广大农村地区，由农村信用合作社提供的小额信贷市场份额相对来说依旧很小，国有商业银行也撤离了农村地区，这些因素导致农村对小额信贷有巨大需求。

从1993年开始，中国小额信贷的先行者——杜晓山团队，在河北、河南多地创建了中国首批扶贫经济合作社，采用格莱珉银行的一些操作模式，尝试通过向贫困人口提供小额贷款来帮助其摆脱贫困。但由于在接下来几年中，项目采取了与当地政府扶贫办合作的方式运行，给项目的管理带来了巨大的隐患。由于项目的运作过程存在非正常的权力干预、财务管理混乱、工作人员贪污和转移挪用公款、借款人行骗和拖欠贷款、资金短缺等一系列问题，项目最终难以维系，偏离了设计者的初衷。[①]2011年受格莱珉信托的支持以及2014年尤努斯在中国成立“格莱珉中国”以后，一些机构再次尝试在四川阿坝松潘县、内蒙古商都县、江苏陆口村、深圳新洲村、云南大理太邑乡进行格莱珉模式的试验，展开了新一轮的格莱珉普惠金融实践。

一 “富滇—格莱珉扶贫贷款”项目的实施概况：基于云南大理太邑乡的分析

大理州地处全国14个扶贫攻坚主战场之一的滇西边境山区，下辖11个县全部列入滇西边境山区连片特困地区扶贫攻坚规划，贫困规模大。截至2015年末，全州建档立卡识别的贫困乡镇33个，占全州乡镇总数的30%；识别的贫困行政村300个，占全州行政村总数的28%；识别的扶贫对象25.41万人，全州贫困发生率为9.66%，高于全国6.42个百分点。农民收入水平低，来源单一，工

① 冷澄：《普惠金融中国尝试三十年》，《社会创新评论》2015年第6期。

资性、财产性、转移性收入占比较低，贫困程度较深。因此，通过何种渠道、采取何种方式来降低一些地区的贫困程度成为一个亟须解决的重要问题。目前，针对大理州贫困农村地区提供高效金融服务的格莱珉小额贷款模式更具代表性。

2016 年 2 月，云南富滇银行与格莱珉中国有限公司签订合作协议，在全国首创开发了“富滇—格莱珉扶贫贷款”项目。富滇银行立足云南省在全国贫困区县数量最多、贫困人口位居全国第二的实际，积极践行金融精准扶贫和普惠金融社会责任，确定以云南省大理市太邑乡为试点，创办第一家格莱珉支行项目办公室，为建档立卡贫困户及低收入农村居民提供小额贷款和培训支持，帮助贫困人群特别是贫困妇女提高自我发展能力，促进其改变生活习惯，主动接受教育及追求美好生活。“富滇—格莱珉扶贫贷款”试点项目于 2016 年 5 月 26 日正式启动，该项目结合当地民族文化和生活习惯，基于格莱珉模式的“十六条公约”形成富滇—格莱珉新的“六条公约”。①

太邑乡是大理市唯一的山区民族贫困乡，全乡国土面积 106.5 平方公里，辖太邑村、者么村、桃树村、乌栖村、己早村 5 个村委会、42 个自然村、60 个村民小组，2536 户 9199 人。全乡共有贫困人口 1980 人，其中，建档立卡 482 户 1963 人。格莱珉模式在大理的实践将近 1 年，从

① “富滇—格莱珉扶贫贷款”项目所制定的六条公约为：要做到——勤奋工作、团结守纪；要选择一个安全、舒适的地方召开中心会议；要让孩子得到好的教育，要赚钱来支付他们的学费；要使用卫生厕所、保证家庭内外环境整洁；每年至少要参加一次体检，并保持良好的健康习惯；要节约资源、保护环境。

运行情况来看，实施进展顺利并取得一定成效。截至2016年底，富滇—格莱珉扶贫贷款项目累计向大理市太邑乡116户农户发放贷款121笔、金额194.7万元（包括二次新发放4笔），单笔平均贷款金额为1.61万元，单笔发放最低金额为1000元。期间，向56户建档立卡贫困户发放贷款57笔、金额73.1万元（包括二次新发放1笔）。12月，新增发放富滇—格莱珉扶贫贷款18笔、金额32.1万元，比上月末分别增长了17.5%和19.7%，其中新增发放建档立卡贫困户贷款6笔、金额11万元（具体发放情况详见表4-1）。截至2017年4月底，富滇—格莱珉扶贫贷款项目累计向太邑乡147户农户发放贷款167笔、金额276.7万元（包括二次新发放5笔、提前收回8笔），单笔平均贷款金额为1.66万元。其间，向69户建档立卡贫困户发放贷款78笔、金额121.6万元。4月份新增发放富滇—格莱珉扶贫贷款13笔、金额21.5万元，其中新增发放建档立卡贫困户贷款4笔、金额14.5万元（具体发放情况详见表4-2）。

表4-1 富滇—格莱珉扶贫贷款发放统计（截至2016年12月）

单位：户，笔，万元

项目	项目客户情况		发放情况				贷款余额情况	
	成立贷款小组	参加格莱珉培训农户	笔数	金额	金额较上周增减	金额较上月增减	余额	较上月增减
富滇—格莱珉扶贫贷款	29	389	121	194.7	13.1	32.1	147.55	14.35
建档立卡户	—	—	57	73.1	2.0	11	66.99	14.85

注：客户情况、贷款余额情况统计按月报送。

表 4-2　富滇—格莱珉扶贫贷款发放统计（截至 2017 年 4 月）

单位：户，笔，万元

项目	项目客户			发放贷款				贷款余额	
	成立贷款小组	参加格莱珉培训农户	格莱珉会员数	贷款户数	笔数	金额	金额较上月增减	余额	较上月增减
富滇—格莱珉扶贫贷款	37	510	184	147	167	276.7	21.5	141.36	−10.52
建档立卡户	—	—	—	69	78	121.6	14.5	66.61	3.11

注：客户情况、贷款余额情况统计按月报送。

贷款资金用途主要集中为农户购买种苗或籽种发展种养殖业，购进物资或改善生产经营条件或扩大经营规模等（见图 4-1、图 4-2）。项目实施以来，贷款客户几乎都能按照还款计划归还贷款本金，还款率高达 99% 左右。

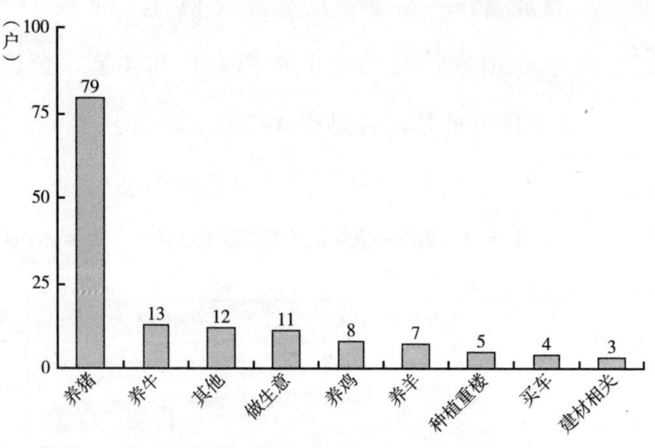

图 4-1　各种贷款用途的农户数量

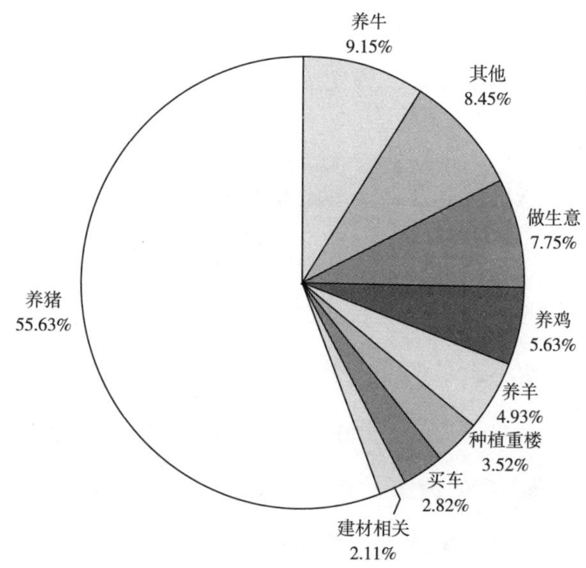

图 4-2　各种贷款用途占总贷款户比例

二　“富滇—格莱珉扶贫贷款”项目的主要做法和管理情况

富滇—格莱珉扶贫贷款项目自开始运行以来，取得了积极的经济效益和社会效益。各界媒体纷纷报道，对富滇银行金融助推脱贫攻坚、积极履行社会责任的决心和行动给予高度肯定，项目社会影响力持续扩大。该项目能取得如此效果，与其采取的运作方式密切相关。具体来说，该项目的主要做法如下。

首先，富滇银行组织相关人员进行项目宣讲和动员活动，让农户清楚项目背景、项目目标、项目流程、项目操作等大致流程。随后对有意向的农户进行入户拜访和项目讲解，鼓励有意向的农户去寻找其余的农户，同时项目工作人员也继续进行动员，当有意向的农户达到3人时可召开小型会议，确定大家参加项目的意向再集思广益去寻找其他有意向的会员（以妇女为主），在此过程中不断地召开小型会议直至形成五人小组。

其次，形成五人小组后召开预备会议，在预备会议上继续向会员说明项目及其流程，确定五个会员都参加后开始小组培训。小组需要进行五次持续的培训，培训过程中会向会员介绍项目目标、背景、流程，学习会员六条公约（会员的健康、卫生、教育、环境等内容），选举组长和副组长，了解组长和副组长的职责，以及会员具体的借贷计划并交由小组讨论。

再次，一个村子在形成两个及以上小组时开始组织中心会议，会员所有的发展议题在中心会议上进行讨论，中心成为会员的公共场所和力量源泉。

最后，向会员发放贷款。会员在通过小组认证后根据其个人的发展计划即可分批获得贷款，放款比例一般为3∶2、2∶3或者是2∶2∶1，一般组长和副组长最后得到贷款。结合项目的具体操作模式，放款更细化的流程如下。①向会员收集个人材料。②在完成初步的资料收集后将资料交给富滇银行驻村工作队，由驻村工作队员到富滇银行大理分行，将借贷者相关信息录入系统，完成信息录入和获得相关部门领导签字且会员无不良信用记录则可为会员办理放款。③在小组培训过程中商定好小组放款顺序，由项目工作人员将会员账号中的贷款取出，在中心/小组会议上由中心经理和中心主任/组长共同为会员放款。

为提升“富滇—格莱珉扶贫贷款”项目的管理水平，充分发挥传统金融机构在扶贫、脱贫方面的主体作用，富滇银行对金融扶贫工作进行单独管理、单独调配资源和单独核算。第一，富滇银行设立了扶贫贷款项目事业部，专职负责这一项目的实施、推进等相关工作。第二，银行设立事业部大理工作部来配合推进该项目的实施。第三，选派大约10名工作人员组成派驻扶贫工作队，其中的两名扶贫干部挂职大理市委、市政府，加强与地方政府的联系和协作，共同促进扶贫工作的运行。第四，为加强业务流程控制与风险管理，与富滇银行现有贷款业务适当结合的同时对原业务模式进行创新，针对“富滇—格莱珉扶贫贷款”项目制定出台了《富滇—格莱珉扶贫贷款业务操作规程》，从部门职责、操作规定、文本格式、授信审批等方面做出规范要求。该项目将格莱珉模式和传统银行信贷管理流程有机结合，由富滇银行提供信贷资金和结算服务，既解决了格莱珉银行的信贷资金来源和管理问题，又满足了复制格莱珉银行模式的要求，确保该项目能依法合规地推动金融扶贫工作。① 第五，为保证运行管控的有效性，富滇银行与太邑乡政府设立了“太邑乡富滇—格莱珉扶贫专项基金”，该基金的资金来源是项目的贷款利息收入和社会捐赠。该基金主要用于对“富滇—格莱珉扶贫贷款”项目的建档立卡贷款户进行利息补贴、对项目贷款风险进

① 《扶贫攻坚看富滇——富滇银行引入格莱珉银行技术开展金融扶贫的实践》，《金融时报》2017年4月6日。

行抵补以及支持贫困村的产业发展和公益事业。扶贫专项基金的成立，让富滇—格莱珉扶贫贷款项目真正实现信贷产品运作的良性闭环，使基金在太邑村精准脱贫和金融助推脱贫攻坚中发挥更有效的作用。

富滇—格莱珉扶贫贷款模式的创设和实践，事实上给出了一个社群化、企业化、公益化金融精准扶贫的解决方案，以达至变“输血”式扶贫为“造血”式扶贫，从根本上解决贫困问题。更重要的意义在于，富滇银行切实践行了普惠金融的理念，通过项目的运营和管理，向以往的“金融不可接触者”普及多种知识，提供有效金融服务，使这类特殊群体能真正得到金融服务的权利，平等地参与经济发展，进而实现人们的共同富裕，促进社会的和谐发展。

第五章

普惠金融助力精准扶贫的现状、问题与对策

普惠金融是一种立足于机会平等要求和商业可持续原则，以可负担的成本为有金融服务需求的社会各阶层和群体提供的适当、有效的金融服务，[①] 其主要服务主体为农民、小微企业、城市低收入人群等弱势群体。[②] 普惠金融和精准扶贫的结合，则更多强调在贫困地区、少数民族地区、偏远地区，以及残疾人和其他贫困群体中提供的金融服务。传统金融服务基于效益最大化的考虑，存在对信用和借款能力不足的弱势群体的金融排斥，而普惠金融则是在宏观调控手段下的特殊形态的金融服务。其目标是能够使贫困人口增收，从而其进行借贷的门槛放到较低的水

① 贾晋、肖建:《精准扶贫背景下农村普惠金融创新发展研究》,《理论探讨》2017年第1期。

② 原妍娜、陈洛川:《农村普惠金融助力精准扶贫》,《时代金融》2018年第14期。

平，同时，为维持自身金融体系的健康运转，会制定能保证其基本运行的还款规则。农村普惠金融的落实，对缺乏资金型的贫困对象的发展有直接性的促进作用。

第一节　现状分析

近年来，国家对发展金融扶贫工作越来越重视。2005年，联合国和世界银行首次提出“普惠金融”（Inclusive Finance）的概念，[①] 我国从2006年引入这一概念。党的十八大（2012年11月8日）确立了全面建成小康社会和大幅减少贫困人口的宏伟目标，强调要深入推进农村扶贫开发。而后，在十八届三中全会（2013年11月12日）上，普惠金融作为国家的重要政策正式提出。《中共中央 国务院关于实施乡村振兴战略的意见》（2018年1月2日）中提到，要“加大对乡村振兴中长期信贷支持。推动农村信用社省联社改革，保持农村信用社县域法人地位和数量总体稳定，完善村镇银行准入条件，地方法人金融机构要服务好乡村振兴”及“普惠金融重点要放在乡村”。国务院于2018年4月12日发布《国务院关于落实〈政府工作报告〉重点工作部门分工的意见》，其中明确指出“人民银行、国家发展改革

① 谈勇贤、郭颂：《普惠金融与精准扶贫政策合力推进农村经济发展研究》，《理论探讨》2017年第6期。

委、工业和信息化部、财政部、中国银行保险监督管理委员会、证监会、国家外汇局等”要“按职责分工负责”，实现“支持金融机构扩展普惠金融业务，规范发展地方性中小金融机构，着力解决小微企业融资难、融资贵问题”的目标。

第二节　存在的困难

在普惠金融和精准扶贫工作方面，政府和社会各界信息更为公开，各级媒体宣传关注度高，各方在相关政策方针的落实、宣传和研究上积极执行。政府相关政策方针和工作执行状况的信息公开度不断提高。在国务院领导下，国家扶贫开发领导小组办公室成立，各地区有专门的扶贫大队、扶贫开发小组等，各级政府网站均转发或公布了相关政策方针与执行情况。社会各界媒体相关报道力度大，持久性强。各高校鼓励在校师生积极参与相关调研等活动，国内外学者也在金融扶贫各方面积极展开研究。现今，我国的普惠金融工作还在起步运行阶段，面临很多金融风险和执行困难，主要表现在以下几个方面。

一　供需不对称

从需求方面，我国仍存在很大一部分贫困人口，而要消灭贫困，资金是非常必要的，这部分贫困人口中，有很大一部分可以通过合理使用资金，发展产业，实现可持续的发展，摆脱贫困。而从供给方面来看，贫困地区金融资源供给不足，金融服务机构的下设营业网点数量少，提供的应需产品种类单一，业务自主能力不足，[①]拓展积极性不高，如果没有扶贫人员的宣传帮助，很少有贫困户关注到有相应服务。

二　运作成本高

一方面，对提供金融服务的机构来说，贫困地区金融服务需求不足，融资担保、抵押信贷等机制不健全，通信、网络等基础设施匮乏，硬件条件差，软件推广接受度有限，在当地设立网点的成本很高；[②]而另一方面，对需要申请贷款的贫困人群来说，不懂流程，材料缺失，操作烦琐，来回奔波花费高、花时间、耗体力等都成为抬高其办理信贷成本的关键原因，从而阻碍了普惠金融的发展。

三　监管控制难

贫困人口受教育程度、传统思想观念、恶劣地理环境因素和身体健康状况等因素影响，存在“等、靠、要”的

① 陈华、李景腾：《我国普惠金融助力精准扶贫：困境与路径优化》，《河北经贸大学学报》（综合版）2017 年第 3 期。

② 陈建伟、陈银娥：《普惠金融助推精准脱贫的理论与政策思考》，《当代经济研究》2017 年第 5 期。

思想，常常会有“无须归还”或“无力偿还”等消极思想。这导致扶贫资金的使用效率低，信贷违约率高，① 挫伤金融服务机构的信心，打击工作人员积极性，同时也无法实现贫困户的脱贫，在一定程度上反映出普惠金融在监管控制上难以掌控所借资金使用运行过程的情况。

第三节　政策建议

针对上述普惠金融在精准扶贫工作中的发展现状，有“四个加强一个实现”的建议。

一　加强普惠金融服务机构的引进与设立

商业银行为追求利润最大化，往往不愿意为盈利率低的企业发放贷款或低收入者提供金融服务，而国有银行（包括专门的发展银行和信贷津贴），本身利率就已经很低，再进行降低利率的放贷，对其发展的冲击很大，同时会降低市场竞争程度，不利于其在银行业的长期发展，由此看来，国有银行不能长期有效地给贫困人口提供持续金融服务。更多地还是需要鼓励社会资本进行支持，需要有

① 原妍娜、陈洛川:《农村普惠金融助力精准扶贫》,《时代金融》2018 年第 14 期。

更多盈利渠道和充裕资金的私有部门化的各类金融机构参与扶持。

二 加强支持产品类型的开发与完善

尽管目前有很多金融机构提供普惠金融服务，但其实际支持的服务类型是很有限的，往往有提供普惠金融服务的称号，却提供不了农户真正需要的产品，另外，其服务网点开设点可能需要农户花费较高的时间成本和交通成本前往办理。这一点，还需要政府和金融机构更重视对口产品的金融服务和便捷办理渠道的开发，加强相关人才引进和培养，提供更多当地产业发展及其他可持续发展路径的信息，更好地结合农户实际需求来提供针对性强、有效性高的金融产品服务，促进三方共同合作的顺利实现，为切实解决贫困问题、提高农户收入共同努力。

三 加强还贷监督与风险防范

因为扶持对象存在受教育程度、思想开放程度、环境影响、信息不对称等诸多因素的限制，常常出现投入受挫或失败，还不上所借贷款的现象。这类现象，一方面没能解决贫困对象的问题，进一步可能导致其奋斗积极性降低；另一方面，给政府和金融机构造成了很大的压力，既要面对产生的坏账，同时还要实现脱贫的指标任务，各方的压力都很大。因此，可以考虑借鉴国际复兴开发银行对项目执行的监督过程，对普惠金融对象的项目执行实施定期的监督，从金融服务机构、政府等多方面考察资金、项目运行情况，并及时对遇到的问题进行分析，通过咨询专家意见等解决问题，获得整个项目的顺利执行和资金的合理使用、运转。

四　加强相关数据的收集整理

国务院办公厅2018年4月9日发布《国务院办公厅关于全面推进金融业综合统计工作的意见》，提到要“编制普惠金融、绿色金融等重点领域的信贷政策统计数据，反映金融体系对国民经济重点领域和薄弱环节的信贷政策执行效果和支持力度”的这一举措要切实执行。国内学者专家研究和政府金融机构改进，都需要数据来做支持，没有数据的支撑，很难知晓现在做得怎么样、存在什么问题以及如何解决等情况。因此，还需要相关部门加强努力，做好普惠金融的数据统计工作，为未来的可持续发展和他国借鉴做出贡献。

五　实现与政府联手的引导扶持

在各地区的实际落实中，看到很多成功的例子与当地政府官员亲自指导、提供具体而有效的帮助紧密相关。从粗放的扶贫模式到精准扶贫的提出，针对贫困的具体原因，政府在出台越来越细致的政策。像建档立卡、易地搬迁等，应与金融服务机构结合起来，把《扶贫手册》中家庭基本情况、致贫原因、帮扶责任人、帮扶计划、帮扶措施和帮扶成效等内容做好实时更新并提供给金融机构。如果金融机构了解各地区贫困群体的具体原因和所需资金状况，就能集中统一办理，则对接服务可以更快、更节省成本地实施起来，既能减少信息获取不充分而增加的信贷办理成本，也为金融机构和当地政府减轻工作量，还能提高扶持对象使用金融资源的积极性，实现良性循环。

总的来说，金融服务机构若能树立使命感，配合政府工作，积极推出切实适用的农村普惠金融产品；政府层面若能把握好整体方向，充分利用好人力和信息资源，加强监管和引导；社会层面，各界媒体、学者专家等若能持续关注，引导思考和改善，那么，普惠金融助力精准扶贫的工作会越做越好，攻坚计划能更顺利地推进，脱贫目标也将更早实现。

第六章

多方参与访谈田间试验

2017年4月26日，调研组抵达云南省大理白族自治州，并于当天15时同中国人民银行大理中心支行、大理银监局、大理市委市政府、大理市政策研究室、大理市扶贫办、太邑乡政府、驻村扶贫工作队、格莱珉大理项目部相关领导及负责人就富滇—格莱珉扶贫贷款项目召开座谈会。该项目是在金融机构（富滇银行）与当地政府合作下，由项目执行小队和外方项目负责人共同推动，通过提供小额信贷进行村落改造，推动当地村民进行可持续自我发展的成功试验。

第一节　富滇银行推动与地方政府的金融扶贫合作

2016 年 5 月，富滇银行在大理太邑乡太邑村启动了富滇一格莱珉扶贫贷款项目，这是贯彻落实金融工作要求，以金融工作促进精准扶贫的重要举措。在太邑乡项目点实施以来，取得了良好效果，受到社会各界关注。

一　富滇—格莱珉扶贫贷款项目实施和进展情况——富滇银行董事会秘书孔祥丹访谈

富滇银行一贯秉持着回馈社会、承担社会责任的理念，也一直做着这方面的工作。以往扶贫工作主要是由政府分派任务，富滇落地开展，也投入了大量财物、资

图 6-1　调研组到富滇银行调研

（郭敏拍摄，2017 年 4 月）

金以及人力。但是引入的格莱珉项目与以往有较大不同。为了引进格莱珉技术并且落地大理，富滇银行在调研和论证方面经历了很长的时间。因为格莱珉银行作为草根银行，在孟加拉国非常成功，确实为广大的贫困乡村和最穷的人提供了必要的支持和帮助。但是孟加拉国的国情、民情以及格莱珉银行诞生地的情况与中国都非常不同。例如资金来源方面，由于尤努斯先生个人的努力，其本人在获得诺贝尔和平奖之后在世界范围内都有较大的影响力，来自世界各地的捐赠款作为主要资金来源，足以使格莱珉银行很好地在孟加拉国生根。另外，格莱珉银行的针对人群非常精准，即是村镇贫困人口，尤其是妇女人群。格莱珉与我们沟通时，我们一直在考虑是否采用这个模式。其实对中国而言，这个模式也经历过十几年的磨合，也是一直寻找在中国落地生根的途径。以往项目只闻其声，落地的项目较少。格莱珉中国的高战先生也做过小的试点，但成功率和效果并没有达到预期。与我们行（富滇银行）合作时，我们董事长和他进行了多轮沟通，讨论了能否与中国国情结合起来，把格莱珉模式引进来，在中国落地生根。

经过多轮讨论，我们在模式上进行调整，重点在资金支持方面做了制度安排和设计，能够保证项目实施。首先，富滇银行作为银行金融机构是信贷资金，而不是捐赠资金，由于资金来源不同，整体管控和要求都不同；其次，对贷款流程进行了专门的改造；另外，在项目里引进管理机制，创设了扶贫基金，创设时的考量，格莱珉模式倡导的是通过格莱珉的模式，为没有信用基础的贫困人口创造信用，唤起他们的社会属性，并树立起他们创造财富的信心。这改变了以往的扶贫模式——注重给钱的形式，但并不注重是否能够真正达到扶贫的效果，这也是为什么这么多年中国一直走在扶贫路上，却没有真正能够摆脱贫困问题。这个模式给贷款需求人传递一种信号，我可以帮助支持你，但是需要用你的能力来证明你是行的，实际上这是给贷款人内在的力量和信心，唤起他们内心摆脱贫困的渴望，因此我们同意格莱珉银行 10% 的贷款利率。

当时社会上对这个利率水平是存在疑问的：既然是扶贫，为何比基准利率还高？格莱珉银行坚持 10% 的贷款利率，为的是唤起贷款人的意识，我们表示尊重，同意 10% 的贷款利率。在此基础之上，我们创设扶贫基金，但是这部分的利息收入并不滚入基金内，而是反补给贫困的贷款者，这就可以回答社会上的疑问，也表明了富滇银行扶贫的真心。这个过程我们花了很大精力搞清楚，也做了一些制度安排，日后我们将会打造“富滇—格莱珉”模式来适应云南特色及中国国情，使得这个项目能够落地生根、开花结果。

该项目于 2016 年 5 月 26 日在太邑村举行了揭牌仪式并成功发放首批贷款，7 名贫困家庭妇女获得首批扶贫贷款共计 10.2 万元，单户贷款金额最高为 2 万元，最低 2000 元。经过一年运行，截至 2017 年 3 月，贷款余额为 151.88 万元。累计向太邑村村民 141 户发放贷款 154 笔，投放贷款资金 255.2 万元，平均单笔贷款金额为 1.66 万元，单笔贷款发放最低金额为 1000 元。其中，向当地建档立卡贫困户 65 户发放了贷款68笔，金额107.1万元。贷款的主要用途包括购买苗和种子、发展种养殖业、改善经营条件、扩大经营规模等。3月末，贷款客户基本能按照还款计划归还贷款本金，还款率达到99%，仅1位客户因个人突发疾病丧失劳动能力致使还款出现困难。从数据来看，项目一年多的运行还是比较平稳和顺利的，也得益于今天在座的各位从各个层面的关心和支持。从数字来看，累计发放255.2万元，现在贷款余额151.88万元，整体运行较好。

针对该项目的意义重大、困难巨大以及建议，我想借此机会进行回应。

第一，利率问题。我们在项目创设时是经过深思熟虑的，是我们进行激烈的争论和讨论之后决定的，要原汁原味地保留格莱珉的技术。因为利率机制是一个非常重要的环节和关键点。中国的扶贫在低息甚至无息的环境中，持续了十几年甚至更长，但是一直落入“不断地扶贫但还是贫”。从我自身的一个经验，澜沧拉祜族地区地震时，国家给他们钱，给他们建新房子，想让他们从山坡上搬下来，但是实际上没有结果。捐了衣服和钱物，几年后孩子还是没有衣服穿，为什么？救助款被吃喝花完了，捐赠的衣物不换洗，直到穿破也被扔了，继续回到贫困的状态。中国一直在扶贫，但却走不出这个“环”。原因当然也并不在利率这一个方面。项目为了平衡还款动力和负担，专门创设了扶贫基金，贷款者的利息部分滚入扶贫基金，再反补给贷款者，反补的方式多样，基本上做到零利率，但是事前并不告诉农户，通过贷款利率引导，再通过扶贫基金的运作，再把利息部分返回贷款者。

第二，正面宣传的问题。首先，扶贫基金由三部分组成：第一部分是富滇银行捐，2016 年 5 月 26 日当天，富滇银行行长捐赠 50 万元进入扶贫基金；第二部分是政府扶贫资金，但目前较少，因为没有纳入国家扶贫体系，这部分占比不会很大；第三部分就是利息收入，全部返补给农民和贫困户（这个是肯定做到的，扶贫基金也是接受政府和社会监督的）。其次，富滇银行是省属国企，坚决拥护党的领导，一直加强党建工作。对格莱珉项目落户太邑乡，富滇银行专门与乡镇党委做了对接和规划：将在乡政府的所在地，出资做一个文化宣传场地，把党和国家政府对脱贫致富的政策方针进行展览和宣传。我们对贫困乡的帮扶不是个人行为，也不是社会组织的渗透，而且传递给贫困户的最强音就是党和政府的关怀。富滇银行也是党和政府的一级企业，一直是旗帜鲜明态度坚定地传递这个声音。如果这个对接做起来的话，会成为富滇银行结合太邑乡种植养殖业发展，把旅游业也带动起来，旅游的第一站就是这个文化宣传场地。

二 大埋州的普惠金融概况及精准扶贫政策——中国人民银行大理中心支行办公室主任钱丽梅访谈

（一）大理州普惠金融测算

中国人民银行大理中心支行一直致力于普惠金融的

研究和试点推动，我们曾经承担过普惠金融课题的研究。2015 年我们在党校学习时，曾立足于云贵川藏的样本区域，做了一个普惠金融体系构建方面的课题研究。研究采用 Mandira Sarma 的 CP 方法，对云、贵、川、藏四省区普惠金融程度做了测算，选取银行渗漏、金融服务便利性以及实用度三个维度，具体采用银行账户的人口占比、人均银行网点或者人均 ATM 机数量、存贷款余额占 GDP 比重等变量，测算了云、贵、川、藏四省区的普惠金融指数。① 我们认为云南省大理州普惠金融指数为 0.54，属中等偏上程度，在全国范围来看，仅排在中等水平，但高于贵、川、藏三省区。基于数据，研究认为云南省普惠金融程度非常滞后，进而从微观、中观、宏观三个层面提出了相应建议。

首先，发挥金融市场在配置金融资源中的决定性作用，建立健全普惠金融机制，放松金融机构的准入，允许各类资本能够进入金融业，使各类资本充分竞争，最终达到最优配置。其次，推进金融创新，增强金融服务能力，鼓励开发创新型金融产品。再次，依托互联网金融，构建普惠金融体系。数字普惠金融正在成为普惠金融重要的领域以及主流的研究方向。去年（2016）G20 峰会上已经把移动支付（例如微信支付）纳入普惠金融核算指标体系内，使普惠金融体系更加完善。最后，引导资金回到农村金融机构中，并树立普惠金融理念，加快建立

① CP 方法认为，若在 0.5~1 则为高普惠程度，若在 0.3~0.5 则为中等普惠程度，若小于 0.3 则为弱普惠程度。

普惠金融信贷投入保障机制，推动金融资源要素向贫困地区和弱势人群配置。

（二）普惠金融助力精准扶贫

2016年，我们在2015年报告的基础上，在中观层面做了更加系统的研究，立足于全国的普惠金融层面，在普惠金融助力精准扶贫方面做了探索。普惠金融于2005年小额信贷大会上提出，至今已经有十多年的发展历程，要义是普遍性、优惠性、全面性及可持续性，与当前金融减贫的要求和目标是一致的。精准扶贫作为世界反贫困理念的重大发展和创新，最早来自习近平总书记于2013年11月在湖南湘西考察时提出的“扶贫要实事求是，因地制宜。要精准扶贫，切忌喊口号，也不要定好高骛远的目标”。普惠金融最本质的属性仍然是广泛的包容性，虽然普惠金融不能绝对的等同于扶贫或者救济，它更注重的是社会效益和经济效益的平衡发展，但是普惠金融和精准扶贫有一个共同的目标：通过金融服务供给，实现贫困人口和贫困地区的脱贫致富。

从二者的关系层面说，我们归纳如下。

第一，普惠金融本质上是一定的扶贫实践。普惠金融的核心理念是使过去难以获得金融服务的群体和偏远地区的群体都能享受到金融服务，让金融服务更多更好地惠及所有地区，特别是贫困地区的群众，不断地提高包括农村贫困人口在内的农民小微企业、城镇低收入人群和残疾人、老年人等特殊人群金融服务的可获得性，这也是普惠金融的目标所在。精准扶贫是让真正贫困的人彻底挖出穷根，平等地参与到现代化进程当中，共享改革发展的成果。因此精准扶贫和普惠金融在本质上是一致的：均是为降低贫困程度，全面建设小康社会而不断努力的一种方式。

第二，普惠金融的发展有利于精准扶贫工作的开展。一方面，普惠金融倡导人人平等地享受金融服务的理念，立足于满足所有需要金融服务的人，消除对弱势群体的信贷歧视，将边缘化的人群纳入正规的金融体系；另一方面，普惠金融概念的倡导将促进金融机构社会意识的提高，使得金融机构以可负担的成本，积极主动地承担起精准扶贫的义务，提高精准扶贫的社会效益。

第三，普惠金融的发展可以巩固精准扶贫的效益。普惠金融体系的构建是一项长期的工程，需要以创新的金融理念、适度的手段，让利于弱势群体，其可持续性将在长期内提高金融服务在低收入人群中的覆盖面，拓展扶贫效用及范围。同时普惠金融不是政策性扶贫，而是通过市场化的手段，为贫困群体提供资金，使他们结合生产要素，创造价值，提高生产生活水平。

全州的贫困现状具有以下特点。

第一，贫困区域广、贫困程度深。大理州地处全国14个扶贫攻坚主战场之一的滇西边境山区，下辖11个县全部列入滇西边境山区连片特困地区扶贫攻坚规划，贫困规模大。截至2015年末，全州建档立卡识别的贫困乡镇33个，占全州乡镇总数的30%；识别的贫困行政村300个，占全州行政村总数的28%；识别的扶贫对象25.41万人，全州贫困发生率为9.66%，高于全国6.42个百分点。全州城镇、农村居民人均可支配收入分别为27081元、8766元，仅为全国平均水平的86.8%和76.75%，农民收入水平低，来源单一，工资性、财产性、转移性收入占比较低，贫困程度深。

第二，致贫因素多元、扶贫任务艰巨。全州贫困现状中致贫原因多样，集中表现为条件型贫困和素质型贫困间的相互循环。全州贫困人口中因缺乏资金、技术支持致贫22.09%，因病、残、灾致贫23.4%，因学致贫5%，因缺劳力致贫13.97%，因自身发展能力不足致贫3%，其他原因32.54%。

第三，贫困人口分散，加之基础设施薄弱，制约脱贫步伐。全州94%以上为山区，下辖贫困县、贫困乡镇、贫困村分布分散，山区贫困户主要聚居在远离交通线的山腰、山顶区域。贫困地区道路硬化率低、自来水满足率不高、部分地区供电质量差、保障能力不足，贫困村信息基础设施建设落后，信息获取渠道狭窄、成本高，农田水利基础设施建设滞后，农业靠天吃饭现象严重。

第四，贫困地区产业发展模式单一，金融扶贫无着力点。全州贫困地区主要为山区、半山区和高寒山区，人均耕地面积不足1亩，主要从事传统种植、养殖业，新型农业经营主体比重低，龙头企业数量少且与经营主体间利益纽带不紧密，“企业+农民专业合作社+贫困农户”“企业+家庭农场”等模式发展缓慢，使得全州贫困地区物产资源没有较好地转化为经济优势和发展优势，产业发展水平低、链条短，结构单一，经济效益低，缺乏市场供求信息。

大理州在金融扶贫体系、信贷机制创新、信用体系建设支持精准扶贫方面做了大量的努力和实践，并取得了一定成效。

第一，多元化的金融业态网络逐步形成。为了满足贫困地区（尤其是金融机构覆盖地点缺失地区）对金融服务的需求，大理州以提高金融服务覆盖率为出发点，支持培育新型金融机构进驻，引导现有的机构服务网点向农村地区延伸，逐渐形成了以农村信用社为主导，国有商业银行、政策性银行、股份制商业银行、村镇银行、小额贷款公司等为补充的金融扶贫体系，辖地内的银行金融机构已经达到 19 家、保险公司 28 家、证券营业部 5 家、小额贷款公司 41 家。2017 年首批改制的农商行和小微信用联社刚刚开业，设立的 3 家村镇银行已经顺利开业，大大增加了普惠金融服务获得的可能性。

第二，扩大了金融扶贫的覆盖面。以信贷支持为重点，大理州不断加大对实体经济的资金支持，提高了基础设施建设并组织搬迁、特色产业发展、农村自产经营、贫困家庭生活改善等扶贫支持能力。主要包括三方面的内容：首先，2016 年末，全州人民各项贷款余额达到 1050.85 亿元，比 2010 年末增加了 518.04 亿元，贷款增量排名由 2010 年第七位上升至第三位。其次，保险行业平稳发展，保险行业整体实力显著增强，实现保费收入 32.13 亿元，比上年增加 4.32 亿元，增长 15.6%，保险深度为 3.34%，保险密度为903元/人。最后，证券期货业务不断发展，证券公司客户累计开设达6.98万户，交易量为533.02亿元。有两家企业（顺丰肥业、祥云飞龙）在新三板上市交易，实现了新三板挂牌企业零的突破，上市也受到证监会西部通道的支持。

第三，金融产品创新力度不断增强。以解决贫困地区担保抵押难落实为切入点，大理中支持续推动农村金融产品的创新，取得了较好的成效。截至2016年末，全州纳入统计的“三农”金融产品已经达到14个，余额是29.9亿元，惠及13.1万农户、226家企业，另外还有新型农业经营主体，巍山县创新的贷款“党支部+龙头企业+贫困户”的模式，助推建档立卡人口脱贫致富的成果明显，富滇—格莱珉模式在金融扶贫方面也做了一个探索的实践，大理市剑川县农地经营权试点也取得了重要的进展，2017年我们在漾濞、巍山又启动了一个优化扶贫的项目。

第四，农村网点覆盖率提高。在农村设立金融机构网点成本高、历程长。大理州立足农民基本金融服务要求，在农村地区强化金融集聚，并以信用支付领域建设为重点，畅通农村支付结算渠道，有效改善了农村金融服务功能企业与农村金融发展不相适应的状况。截至2016年末，全区农村地区共有金融网点257个，银行金融网点覆盖了全州99个农村乡镇，实现了全州乡镇一体金融服务的全覆盖，行政村覆盖面达90%以上，共发生交易90.54万元，全州共建成刷卡无障碍示范街6条，覆盖54.55%的农村乡镇，创新银行卡产品应用。

第五，农村信用体系建设得到了有效的推进。为提高金融资源的使用效率，大理州以改善农村信用环境为抓手，大力推动农户信用档案建立，信用等级评价和信用村、信用乡、信用县、信用镇建设，截至 2016 年末，大理州农户信用信息系统录入农户信用信息 52 万条，其中有完整信息数据的有 12 万多户，积极推动信用县建设。

基于大理州的基本情况和普惠金融建设水平，我们提出建议：借鉴国内外成功的经验和启示，包括孟加拉国格莱珉金融扶贫的实践、印度尼西亚的实践以及浙江丽水五大地的创新实践；创新扶贫机制体制，积极引导信贷走向贫困地区，促进经济发展；创新金融产品，改善贫困地区的服务水平；构建普惠金融体系，完善贫困群体的信用体系建设等。

（三）“富滇—格莱珉扶贫贷款”创新助力脱贫攻坚模式和做法应予借鉴

2017 年我们对富滇—格莱珉助力精准扶贫的做法及政策建议进行了调研。它是一个普惠金融在金融机构领域具体的微观实践。调研时得到了富滇—格莱珉项目部、张老师以及在座各位领导的支持，为了听取各方面的看法，我们通过设计针对农户、村委会和乡政府三个层面的问卷，同时与项目部开展座谈会，尽量捕捉富滇—格莱珉的亮点，对当前存在的问题进行深度的剖析。

第一，专注极贫人群，精准对接建档立卡户。这与 2017 年习近平总书记提出的“脱贫攻坚越往后，我们剩下的都是贫中之贫、困中之困”，这些一穷二白的极贫人群，没有抵押物，和商业信用完全沾不上边，也无法获得救济，怎样扶持这群人是我们要解决的新的问题。富滇—格莱珉模式在这方面是一个新的探索，以贫困妇女，尤其以极贫家庭为信贷支持的主要目标群体，参考村委会提供的建档立卡户名单，重点通过挨家挨户访谈掌握具体情况，确保目标锁定精准。截至 2017 年 2 月，贷款余额 152.9 万元，累计发放贷款 142 笔、金额 235.2 万元，其中，为 60 户建档立卡户提供贷款。

第二，创造有效需求，提供免抵押免担保贷款。“致富无门”仍是贫困地区，尤其是山区少数民族地区脱贫的主要瓶颈。调研了解到，太邑乡约有 30% 的贫困农户脱贫意愿较强，但却不知如何改变贫穷落后的现状。格莱珉项目工作人员主动上门，通过反复走访、沟通，与贫困农户建立信任关系，从交流中充分挖掘其潜在的致富能力（养殖 + 种植）和信贷需求信息。对已形成有效信贷需求的农户合理设定贷款额度，根据情况为其提供 1000 元到 20000 元免抵押免担保贷款。同时，帮助其建立征信记录，填补信用空白。

第三，建立组织体系。组建小组和中心，以“小组 + 中心 + 银行客户经理”为基础，每周召开会议，落实资金使用和归还情况，并向会员提供技术、信息服务咨询。会员之间通过交流致富信息，形成知识和技术共享。

第四，注重自我发展，实现传统输血式扶贫向可持续造血式扶贫转变。一是通过交流，帮助贫困人群树立创富脱贫的信心，激发其主动思考“做什么？怎么做？”，项目推出后，部分贫困农户找到了适合自己的致富门道。二是融入储蓄要素，约定每周按贷款额度的1‰向个人账户进行储蓄，通过培养储蓄习惯，帮助贫困人群提升家庭财务管理能力。三是扶贫与扶志、扶智有机结合，通过举办各种社区活动，如读书活动、会员日活动，增进会员之间的互助关系。鼓励会员关注家庭环境卫生、健康和教育，促进贫困家庭全面协调可持续发展。

第五，创设扶贫基金，满足格莱珉模式和我国金融扶贫的双重要求。信贷资金来源由富滇银行提供，富滇银行目的是要把扶贫的效果放到最大，百姓的负担降到最小，但原生的格莱珉模式要求高息负担成本运转的模式。如果全盘照搬，老百姓负担很重，富滇银行为了承担社会责任，把百姓负担降到最低程度，实现了嫁接和对接。

事实上，项目实施过程中存在一些局限性，时间也不长，也有进一步发展的空间。主要有以下三点。第一，未纳入正规扶贫体系。我国正规金融与国际NGO在扶贫开发中的合作仍处于探索阶段，目前尚未纳入总的扶贫体系，因此操作项目与国家层面出台的政策性激励机制未实现有效对接。第二，信贷资金来源单一。“富滇—格莱珉扶贫贷款”信贷资金完全来源于富滇银行，且在富滇银行信贷系统中利率为0，从长期看与市场规律相悖；同时我国现行法律法规对非银行金融机构禁止任何形式吸储行为的规定导致此类模式筹资问题突出。第三，项目推广初期成本较高。项目推广初期，由于贫困山区人口分散、语言不通、信息闭塞，对外来人员和新生事物有排斥心理，不容易在短时间内理解接受，宣传动员工作极为艰难，人力资源成本较高。且格莱珉以高息维持运营的原生模式与当前我国脱贫攻坚大背景不相适宜，为使项目顺利推进，由富滇拨补项目部工作经费并支付人工工资，从长远看难以持续。

针对项目实施的特点和困难，我们的建议是：学习、借鉴“富滇—格莱珉扶贫贷款”模式要与中国农村经济发展实际相结合，在全国范围先开展试点，由点及面，边总结、边修正、边推广，发挥示范带动作用。具体如下。

第一，强化顶层设计。将“富滇—格莱珉扶贫贷款”创新模式纳入国家精准扶贫体系，辅以财政、税收、金融等政策倾斜，确保项目推进可持续。一是与中国人民银行现有政策对接，利用扶贫再贷款降低银行资金成本、撬动银行资金供给；二是与现有财政政策对接，纳入扶贫贴息贷款、涉农贷款增量奖励、农村金融机构定向费用补贴等政策考核范畴，同时给予税收减免，提高金融机构积极性；三是完善风险补偿机制，为发放到户贷款、项目贷款筹措足额风险补偿金。

第二，遵循市场化原则。既要有政府政策的适当扶持，又不破坏市场运行机制，发挥利率市场定价机制，依据还款意愿和自我发展能力意识，在中央“五个一批”精准划分的基础上精准对接贷款对象。同时，政府在市场导向、技术辅导等层面给予适当扶持，引导贫困户逐渐摆脱政策依赖，适应市场化要求。

第三，建立正向激励机制。探索制定激励政策，形成内外部物质+精神正向激励机制，鼓励探索形式多样的精准扶贫模式。不断拓宽社会捐赠渠道，挖掘团队捐赠的潜力，与个人捐赠形成互补，引导多元化社会资本注入，支持社会各方力量参与扶贫。

第四，发挥“挂包帮”政策优势。借鉴“富滇—格莱珉扶贫贷款”模式的理念和做法，一是依托现有的农村金融资源和“挂包帮”公共关系网络，利用农村熟人社会治理机制，建立“金融客户经理+党支部+扶贫工作队员+农业技术人员”的工作机制；二是在现有格莱珉中心会议的基础上，贴近农户需求，将会议内容进一步拓展，注入“农业技术培训”“农产品营销”等知识，实现精准帮扶。

三 太邑乡和太邑村基本情况及落地改造情况——太邑乡纪委书记李韶谦访谈

太邑彝族乡是大理市唯一的少数民族贫困乡，位于大理市西南部，东与下关镇温泉相连、西南与巍山县接壤、北以西洱河与漾濞县分界，为大理市、巍山县、漾濞县三县市交界地，属于高山峡谷地区，山高坡陡、箐深无峡是最大的特点，辖区内无平地，少数民族较多，经济落后，这些情况导致太邑乡贫困人口较多、贫困面广、贫困程度深。全乡面积106.5平方公里，辖太邑村、者么村、桃树村、乌栖村和己早村5个村民委员会，42个自然村，60个村民小组，2563户9199人，是大理市人口最少的一个乡，比大理市某些建制村的人口还要少，但是却居住着彝族、白族、傈僳族、汉族、藏族等五个民族，彝族占总人口的55%，白族占39%。

太邑乡在2015年实施脱贫攻坚以来，认真开展建档立卡贫困户的工作，太邑乡录入云南省精准扶贫大数据平台的建档立卡贫困户共有539户2188人，贫困发生率为23.79%。云南省开展脱贫攻坚会上也指出我们这个地区漏贫率和错配率较高，但目前能够纳入大数据平台享受到政策的只有539户。2016年5月，太邑乡获批实施扶贫开发整乡推进项目，规划分两年实施，项目涉及7个大项69个子项目，计划投资13510.48万元，目前为止完成投资12730万元，占整个投资额度的94%。

2016年太邑乡开始易地扶贫搬迁工作，对于50户搬迁农户，每户补助6万元；对于155户原址重建农户，每户补助4万元，已经全部兑付。产业发展方面，依托现有的龙头企业，例如宾川华侨庄园，与者么村村委会合作，注册了人间仙境农业开发公司签订产业发展框架协议，采用“党支部+公司+合作社+贫困户”的模式，采用者么村所有贫困户作为股东的形式，目前已经建成230亩的种植基地用来种植车厘子。依托这种产业发展模式，其他村也积极探索，也开始种植中药材、花椒、蔬菜等特色生态品种，例如太邑村杉树林自然村已经种植了1000亩的花椒。

太邑乡太邑村的项目实施情况如下：自2016年5月26日富滇—格莱珉贷款项目进驻太邑乡之后，我们针对太邑村建档立卡户，与贫困村退出的九条标准认真地做了对照，主要分为三个方面开展工作。

以基础设施建设为主。首先，硬化了太邑村的主大道，从太邑村委会到乡政府的这条主大道，它是连接了 320 国道的主要道路，长 2.5 公里；太邑村委会到陈家村、先生邑一直到猪街子，总硬化 11 公里；新开发了自大坪地至清水沟道路，对大坪地进村路进行了拓宽。其次，各项项目开始实施，移民新村整治总投资约 50 万元，也正在实施，还有民族团结示范项目、卫生厕改造等项目。

太邑村是乡政府所在地，辖 42 个自然村，60 个村民小组，2536 户 9199 人。虽然人数较少，但居住极为分散，自下关镇温泉至太邑村委会，沿西洱河居住的有 5 个自然村，分别是太邑、江星、大脚、迎河和栗子园，先生邑、猪街子、陈家村分布在靠南的山头上，杉树林独占一个山头，清水沟、大坪地和山赖口又在另一个山头，交通相当落后，所以工作重点在于琐碎地修道路，十几个人的小村落也要修通一条道路。

集中安置易地搬迁中，太邑乡实施了泥洼治理，有 7 户建档立卡贫困户、10 户随迁户。这个点我们做了很多基础工作，投入额度非常大，因为山高、坡陡，平整土地及其他费用非常高，仅场地平整、供水、排水等项目就花费 311 万元，下一步马上要实施的道路硬化包括绿化，预计投入 100 万元资金。这一项目虽然只有不到 20 户人受益，但却需要将近 500 万元投资。太邑村辖区内建档立卡的贫困人口有 137 户，已经对 130 户发放了产业发展补助资金，每户 1.2 万元，已经兑现 155.33 万元。

虽然我们在市委、市政府的领导下，以及在扶贫办的具体帮助下做了很多工作，但仍然存在很多困难。例如，部分贫困农户仍然存在“等、靠、要”的思想，对于富滇—格莱珉扶贫贷款项目前期宣传力度不够，具体的措施方面还是不具体，产业发展政策不理想，总计划投入 640 多万元作为产业发展资金，补助给 529 个农户，也就是说太邑乡 2500 多户农户只有 20% 能受益，下一步考虑在农民增收方面加大力度，但扶持资金有限。同时还存在一个问题，就是给老百姓更多的补助反而导致他们更加依赖的思想。

下一步的工作主要围绕农民增收渠道考虑。农民增收主要通过四大渠道：传统种植养殖收入（最根本收入）、补贴性收入、工资性收入以及财产性收入等。但是种植养殖方面的收入比重在降低，补贴性收入额度也不太大，因此下一步要考虑将财产性收入和工资性收入作为突破点。虽然太邑乡距离下关镇仅 13 公里，但村民都不愿意出来，工资性收入也受限制。农村从事农业生产或者养殖也缺乏技术，只得依托龙头企业和产业发展，进驻太邑发展规模化养殖，增加务工和培训，提高工资性收入。财产性收入方面，由于太邑乡地处偏远，财产变资产较困难，考虑扩大农户自身养殖规模时房屋变养殖场，另外发展地热产业以及旅游业时房屋变经营场所，使得农户在财产性收入方面有所突破。

如何把贷款项目推广下去？第一，把培训会开到村委小组，对村组干部进行培训。虽然这是小额贷款项目，但其实追求的是社会效益。通过广泛地宣传培训或者开展小组会议，让百姓有更多的交流，接受更多新的技术和市场信息，开阔眼界，接受新鲜的思路。村组干部有条件自己也参与进行，并进一步宣传和动员村民，还要把培训会开到 60 多个村民小组去。但我们仅在宣传方面做工作，我们不参与经营管理审批方面的工作。第二，依托好的政策和项目实施，继续推动基础设施建设。第三，把富滇—格莱珉项目宣传好，依托项目的宣传，根据群众需求开展技术培训。通过培训使百姓掌握技能，或自己经营生产或外出务工，转变现有生产生活方式。第四，全面关注生态农业的发展。虽然太邑非常闭塞和落后，但有很好的市场，例如养殖生态鸡、生态猪等或种植原生态农产品，我希望能够依托富滇—格莱珉贷款项目的支持，把这块做稳做大做强。

四　政府方面的担忧——大理市政府政策研究室主任杨月高访谈

因为富滇—格莱珉项目我没有直接参与，仅是间接地了解，今天就跳出扶贫说扶贫，跳出金融说金融，谈一些我粗浅的看法。主要有以下三个方面。

第一，项目意义非常重大。一个重要意义表现在这个项目做了政府一直想要做，但是没有做或者做不好的事情，也做了金融机构想做但没有做或做不好的事情，既是对政府扶贫工作有益的补充，也是对金融工作的有益补充。另一项更加重要的意义在于能够在农村重构或者重建信用体系，这项意义远超过经济上的效益。

第二，困难巨大。项目面对的对象是工作最难做、风险最大、发展能力差及偿债能力等各方面都是最弱的对象，所居住的环境、生活的条件相对而言也是最薄弱的部分，工作难度较大；另外，项目的运营成本较高，包括员工到各方面人员工资等运营成本都是很高的；最后，贷款利率是 10% 左右，贷款者还款负担也是很重的。综合以上原因，推行这项工作难度非常大。

第三，项目工作有难度，但是意义重大，所以党委政府方面认为还是要把这个项目做下去。为了做好项目，党委政府方面认为非常有必要重视三个方面的问题。

首先，项目定位。这个项目是国家扶贫政策的有益补充，仅仅是补充，而不是扶贫工作的主渠道，也不是金融工作的主渠道，仅仅是对扶贫和金融两项工作有益的补充。既然是补充，那么推广这项工作必须要和国家扶贫政策有机地结合起来，首先就是利率方面。项目利率仍相对过高，而扶贫政策中的贷款贴息工作近年也较为稳定。鉴于此，进一步的工作建议上升到政策层面：凡是富滇—格莱珉项目，老百姓年化利率不超过 5%，或者只要到 4% 左右，超过部分由省级政府扶贫贷款贴息资金解决。现在的贷款利率对老百姓来说偏高，负担较重。需要把项目和贷款贴息这两项工作结合起来。

其次，工作层面。项目工作难度很大，需要付出的劳动量和工作量很大，除此之外，人工成本也很高，如果只靠富滇银行资金支持，初期的话，可能盈利收入还不足以支付成本。进一步的工作建议接下来工作必须依托基层党委政府和村组集体，从宣传工作开始，到动员老百姓的工作，都要立足基层乡镇和村组集体真正把这项工作做下去。

最后，政治角度。格莱珉银行的资金主要是捐赠资金，所以可以不计成本地做下去。因此，项目的宣传导向非常关键，必须坚持正确的政治导向，要让老百姓知道，党委的扶贫工作才是主渠道，金融工作才是主渠道，这个项目只是有益的补充。防止在宣传过程中，出现与党和国家的大政方针相左的言论。如果出现让老百姓有点蝇头小利，最后导致思想政治方面发生了转向或者偏移，那就得不偿失了。项目与基层群众长期联系紧密，这是一个好的方面，但若是宣传方向把握不好，规模发展大了可能会出大问题，这是我们最担心的地方。由于这个项目有外来的组织，不完全是我们自己的，因此应该与基层的乡镇政府紧密地结合起来。太邑乡工作的一个特色就是任何支部活动都有大标语“没有共产党就没有新中国”，因此脱贫致富最先要感谢党，这一点是我们非常关注的。与基层党委政府紧密地结合，就能做到把握宣传正确的政治方向，这样这个项目发挥的作用才会更大，推广得更稳健。

五 “富滇——格莱珉贷款项目”需要政府和银行两方面的努力——大理市扶贫办主任李庆培访谈

今天的座谈会有两个关键词：普惠金融和精准扶贫。

普惠和精准看似矛盾，但从扶贫角度来说重合度很高。因为二者的对象高度统一。从普惠金融的角度说，扶贫对象都不可获得贷款，这和格莱珉的口号“拥抱金融的不可获得者”相统一。目前来说，中国仍有很多贫困人口，大理市 2015 年仍有 1.2 万的贫困人口，占全市人口总量不大，但分布很广。如果这些贫困群体通过金融渠道获得支持，能够通过自身努力脱贫，是一件非常好的事情。

一个是普惠，让更多的贫困人口接触到金融，享受到金融带来的一系列优惠和利益。另外，从精准来说，自习近平总书记提出精准的号召后，现在整个扶贫的重点和方向就是精准。首先是对象精准，这和金融的不可获得者相统一。一个普惠一个精准，在具体金融扶贫过程中重合度很高。其中的载体和重合点就是富滇—格莱珉模式，能够把二者有机地结合在一起，这是非常好的模式。自 2016 年 5 月 26 日，我们在太邑乡设立工作部，开展相应的工作和具体操作，毕竟才有一年的时间，能够取得现在的成绩，非常不易且可喜。

不仅是富滇—格莱珉这一个项目，也不仅是太邑乡的做法，我们很大程度上要关注能否复制推广的问题，如果能够在全国范围内复制推广，对全国的普惠金融是一件很有益的事情，但这可能涉及几个问题。

谁来做、怎样做。尤努斯博士创立的扶贫模式产生地与中国有很大的不同，中国贫困人口更多地集中在农村、山区以及偏远地区，还有最根本的一点是国情不同。孟加拉国或者其他国家，乡镇村自治程度很高，很多事情通过乡村里面的村规和契约就能够解决。虽然中国乡村也叫自治组织，像大理市也在尝试建设自然村自治组织，但这种自治可能与印度、孟加拉国等国家不同，远达不到那种程度。这中间就存在着党委政府怎么做的问题，在可为不可为中间怎么做，做到什么程度，要掌握这个度，来支持这个模式的推广。

另外，现在农村金融机构包括传统的工、农、中、建等商业银行以及地方银行等。为什么在全国范围内只有云南省富滇银行在做这个事情？富滇银行与其他金融机构有什么不同？从一个企业角度，富滇银行毕竟还是一个企业，生产经济效益和社会效益，在做企业天生需要做的经营活动的同时，也承担一定的社会责任。但本性还是开展经营，通过一系列的经营活动，最起码维持企业运转，继续扩大运转活动的规模、区域、水平。格莱珉模式最好的一点是目标群体选择得非常好，发现了一个金矿：每个人追求美好生活的愿望，特别是贫困群体的愿望更加迫切。这个金矿全世界每个人都有，富人也有提升生活质量和水平的愿望。由什么样的方法、渠道、路径实现这个愿望非常重要。聚焦贫困群体，怎样把这个愿望集合为企业的经营目标和方针，是谁来做、怎样做要解决的一个重要的问题。

格莱珉模式和基层组织相辅相成缺一不可。格莱珉模式和富滇结合，准确地找到了希望提高生活水平、提升生活质量的这个群体。对于他们而言，富滇银行提供资金只是他们提升生活水平、改善生活状况的要素之一，但并不是全部。金融部门提供资金之外，还有更多事情需要党和政府的一系列工作加以辅助。项目运营一年以来，很大程度上乡村的基层组织包括乡镇党委政府、村委会、村民小组都做了很多工作。富滇—格莱珉项目的员工在招募时，一是应聘者没有在相关金融机构的从业经验，因为并不属于原来金融的一系列规矩，按照原来一系列的规矩的话，没有人可以获得贷款。传统的商业银行还在固守原有金融一系列的规矩，做不了这个事情。从金融机构来说，还是要转变我们已有的工具来适应普惠和精准的概念。二是招募的员工之前多数从事社会工作，虽然不是从事金融工作，但是做的是人的思想工作，怎么动员、解释、发展以及有序地组织起来，让他们按照我们预设的方法路径来走。这个过程如果没有当地基层组织的配合和支持，可能连入村都有困难，与农户的语言沟通也有问题。除资金之外，怎样选择项目、组织、培训等，都需要基层组织做这件事，这是相辅相成的关系，缺一不可。缺了格莱珉模式就回到传统的金融路子，无法让贫困群体获得金融支持；抛开基层组织的支持和配合，仅仅引进模式，不接地气，项目无法复制和推广，因此需要党委政府的作用和格莱珉模式有机地结合起来。

进一步复制推广需注意的问题。还应注意到项目运行时间短（才一年）、推广地区小（仅一个村委会试点，现在才在一个乡推广）的问题，反映出的一些问题可能是个性问题。从个性问题抽象出普遍性问题，还需要从其他点进行探索。高战总裁也在河南兰考开展另外一个点，如果把这个模式从更多的点进行进一步总结，抽象出好的东西，才具备推广的基础。

格莱珉这个模式很好，能够把普惠金融和精准扶贫有机地结合起来，助力脱贫。目前扶贫工作最缺钱，扶贫资金来源主要是各级财政进行拨款。从大理市看，金融部门得到的支持非常少。2016 年和市里的银行签订贷款协议，专门用于农户产业发展，希望通过贷款支持农户产业的发展。由于金融机构有很多的规矩，例如资信情况、资产状况、偿债能力等进行综合考虑，贷款发放数量很少。如果说富滇—格莱珉模式能够实施起来在更大范围进行推广，是在现有的金融运作模式之外打开了一扇窗户，让更多的贫困户享受到党和政府相关的扶贫政策。

第二节　执行小队在太邑乡太邑村项目的实施情况

2017年4月27日上午，调研组抵达太邑乡太邑村项目点，对项目点的工作进行了实地调研。项目点共有常驻工作人员 13 名，包括格莱珉银行专家胡马云（孟加拉国）、区域经理 1 名、项目经理 1 名、运营经理 1 名和地方区域经理 9 名。

在对项目点的工作环境、工作流程和生活环境大概了解后，调研组与格莱珉银行派来的专家胡马云先生及项目点员工举行了座谈会。

一　格莱珉模式的中国化——太邑乡项目点负责人张斌访谈

富滇—格莱珉扶贫贷款项目（以下简称“富格贷”项目或项目）有两个主体：富滇银行和格莱珉中国。格莱珉中国是在孟加拉国银行家、教育家穆罕默德·尤努斯先生促进和支持下，现总裁高战先生于2014年创立的，格莱珉银行在中国实践和传播的社会企业，于2016年2月份与富滇银行董事长及高层管理者达成了初步的合作共识，希望在贫困地区开展格莱珉模式，能够复制格莱珉银行的体系和系统，实现一个标准的格莱珉支行。

格莱珉银行的终极目标是解决底层家庭的贫困，通过它的模式来帮扶乡村社区里金融界不可接触的底层的人群和家庭。从运行模式来看，第一，格莱珉银行的目标客户是底层人群、贫困家庭，尤其是妇女；第二，产品模式为无抵押无担保贷款，贷款人五人组成一个小组，三个小组以上组成一个中心，通过小组和中心这种组织形式，建立一个系统；第三，希望帮助农户培养信用，建立个人信用报告纳入中国主流的信贷系统，相信穷人是善良的、穷人是可信任的（这是最基本的理念）。

该项目的终极目标并非赢利，也不十分注重还款率，因为我们只要遵守理论框架和实际的操作体系，预期效果自然而然会形成。项目的目标承担了社区服务的角色，关于参与者的家庭卫生、教育、健康，唤起他们对美好生活的向往，热爱家庭并且能够践行下来。

项目产品为1年期基本贷款，每户每年贷款额不超过2万元；年化利率约为10%，加入成本计算的话，年化利率不超过20%；还款的模式为每周还款，但是我们放款、还款、储蓄相结合，要求贷款家庭从开源、节流两方面努力，贷款需用于发展生产，建立存款账户，增加农户与主流银行体系的对接。

项目主要特点包括：无抵押无担保、5位妇女贷款人组成一个小组、经济地位相同、都有发展的意愿、完全自愿、小组内贷款人无近亲关系。贷款人需要参加5次小组培训，通过支行经理的测试，对格莱珉项目有充分了解，就能成为正式会员。我们为每位正式会员设立独立的账户，用以记录贷款额度和经营主业，申请贷款。独立账户是发放贷款的主要载体。在经济之外，小组成员必须遵守六条公约，在小组以及中心的组织形式下，通过社会资本框架和理论形态，建设他们的小组，组员之间互相支持、互相帮助，共同谋求更好的发展。六条公约关键词包括：①勤劳工作、团结守纪；②选择一个安全、舒适的地方召开中心会议；③让孩子们得到更好的教育，赚钱支付孩子们的学费；④使用卫生厕所，保证家庭内外环境整洁；⑤注意健康习惯，每年参加一次体检；⑥保护生态环境，吃健康的蔬菜、喝健康的水，实现乡村美丽的可持续发展。

这个系统需要与多个组织的工作对接，包括与银行信贷业务的对接；与乡镇各级政府、社区组织、村委会以及自然村小组组织的对接；与社区内外的经济组织的对接。这个系统的建设需要多方面的支持和协助，包括全面扶贫政策和措施。

项目的架构以一个标准的支行设立，包括支行经理、项目负责人以及中心经理（即信贷员，但并不称为信贷员，因为做社区服务的工作），其中，中心经理是业务核心。中心经理承担的角色是行政管理角色，包括信贷业务体系、培育会员、组建小组、培育中心等，具体业务管理工作包括与贷款人（妇女）沟通、贷款活动、贷后核查（包括对优秀会员进行鼓励）以及普及社会发展理念（孩子教育等）等。中心经理不仅扮演信贷员角色，还承担着老师、朋友等角色，因此架构中，中心经理是非常重要的角色。支行架构中，还要注重培育和建立小组、中心，更多地赋权给小组和中心，让社区领袖和妇女积极分子能够站出来，承担很多角色。因为中心经理毕竟精力有限，只有小组会员自己相互监督、相互支持，这个组织才能够运作起来，格莱珉体系才能不断地做下去，才能降低成本、提高效率。架构方面，在支行的外部受到了富滇银行扶贫工作队、乡镇政府的领导（专门的工作队）的支持。在入村的环节，如果仅是以格莱珉身份下去，我们与村民建立信任较难。

具体来看，“富格贷”项目于2016年5月26日正式启动，前期也做了较多准备工作，包括办公室组建、社区摸底、人员培训等，我们新入职的员工也是干中学。5月份我们就进入太邑行政村开始工作。大理市不像平原地区，虽然一个乡镇人数少，但地域广、位置偏远，最远的一个中心来回就要一天的时间，所以我们的工作主要定在太邑乡太邑村。我们的工作不像城市银行那样上班，而是需要中心经理亲自入户登门拜访，定期开各种会议，有时要请乡（镇）扶贫工作队一起宣讲，才能把事情讲清楚，老百姓才能相信我们。我们入驻太邑行政村后，中心经理就分片区开始开展工作，在太邑村推广之后，我们又开始覆盖了其他四个村，2016 年 12 月份我们的中心开始转移到其他村镇。

项目开展以来，我们已经取得了良好的成效。项目开展至今，“富格贷”项目已经在太邑乡太邑行政村建立了 11 个中心，规模最大的杉树林中心由 9 个小组组成，根据格莱珉体系，中心的最大规模约为 10 个小组，说明我们已经具备了建设一个较大且成熟的中心的条件。2016 年 7 月之后，中心也在不断地扩大会员人数，当村子中发展 1~2 个中心之后，就会产生裂变效应，很多妇女会不约而同地加入进来。规模最大的杉树林中心共有 47 名妇女加入，已经覆盖了一半的农户。超过 3 个小组就称为成熟的中心，已经有 4 个成熟的中心。我们希望在其他自然村也能够按照这样的模式建立起来。各中心具体情况如表 6-1。

表 6-1　太邑村中心信息

单位：个

中心名称	小组数量	会员数量
清水沟	5	26
杉树林	9	47
先生邑	7	35
太邑	3	15
己早	2	10
猪街子	4	19
大坪地	1	6
栗子园	1	5
大脚	1	5
者么	1	5
山赖口	1	6
合计	35	179

资料来源：精准扶贫精准脱贫百村调研－太邑村调研。

山区不像平原地区人口密度较大，太邑村属于典型试点，集山区、贫困地区及边远地区于一体，如果项目能够在太邑村生存，在别的山区也能够生存。现在的效果出来的是老百姓大多比较诚恳、真诚，在社区的管理体系下，还款率较高。高还款率也是我们推动组织建设的结果。我们接触到的对象都很少踏入银行的大门，确实是金融的不可触碰者。能够踏进银行大门的村民，很少加入我们的项目，因为他们本身就有资源和能力。因此我们的项目能够弥补传统商业银行无法落地和不可接触的贫困社区民众的贷款需求。

另外一个我们观察到的是，大多数贷款对象是最贫困家庭或者背景较为复杂的家庭。大多数家庭加入项目时的顾虑是还款压力，担心养殖或者种植经营失败，2 万元人民币对他们而言还是相对大额，几千元对他们而言就可以开展养殖。所以项目人员开展工作的一个重点就是鼓励他们，建立信心。在这点上，中心经理费了很大的精力，设身处地与贷款人做了很多工作（家庭情况、养殖知识等）。基本来看，我们的努力效果也比较明显：大多数会员利用贷款经营的业务都是可盈利的，有的会员贷款前只养了 4 头猪，现在利用贷款扩大到 20 头；有一位会员贷款之前弟弟去世了，家庭成员很消沉，通过项目和小组会议的扶助，逐渐从失去亲人的痛苦中走了出来，整个家庭成员的精神面貌都得到了改进。中心经理也与会员家庭建立了密切的关系，我们的项目也让他们确实经济上有所收获，让他们相信只要他们按照承诺、坚守纪律，银行还会继续给他们经济上的支持。

会员的贷款用途大多以养殖业为主，包括养猪、养牛、养羊等，对于山区来说，这也是他们比较稳定和擅长的经营活动。会员也接受了乡政府的诸多援助，包括生产技术方面的培训以及前沿市场信息的对接等。经营项目具体如表 6-2 所示。

表 6-2　太邑村贷款用途

单位：户

用途	农户数量
养猪	79
养牛	13
养鸡	8
养羊	7
种重楼	5
买车	4
做生意	11
建材相关	3
其他	12
合计	142

成效方面，项目试点还是比较成功的。首先，对接基层的经济效率非常好，还款率达 99%，会员的经济活动产生了效益。其次，小组和中心的工作也逐步稳定开展起来，没有出现小组散掉或者开不起来的情况，妇女会员能够遵守纪律，积极参加小组会议，不缺席、不迟到，有事情也主动请假，整体结构框架也慢慢培育起来。再次，项目的附加成效也是很明显的，会员逐渐建立了自己的信用

记录，通过储蓄和分期还款的模式加强自己财务管理的能力，形成了良好的社区契约关系。最后，对于我们而言，也在不断优化我们与富滇银行业务对接的系统，包括如何更加人性化地上门服务，更高效地符合金融监管需要，优化还款模式的对接等工作。希望项目在摸索和探索中，取得越来越好的效果。

图 6-2 课题组与富滇—格莱珉扶贫贷款项目部人员合照

（张小溪拍摄，2017 年 4 月）

二　富滇—格莱珉项目对会员的改变——驻村扶贫工作队队长李镇芳访谈

首先是项目对会员改变意义重大。来到太邑，我们感觉非常震惊，老百姓或者贫困群众已经把贫穷作为一种习惯，这非常可怕。富滇—格莱珉项目引进以后，精髓在于消除这些群体“贫穷作为一种习惯”的观念。从这一年的实践中来看，参与项目的贫困户即小组会员的观念和想法开始发生改变。在没有推广项目之前，工作人员入村与农户交流，农户都不敢正面看你，不愿与人发生交流。参加中心会议后，会员发生的变化超出我们的预料，她们像是参加一个盛大的节日，不再畏缩、不再不愿与人交流，互助模式让她们改变。会员们的内心已经唤起“改变生活发展生产”的愿望，这点看来项目意义非常重大。接下来的调研过程中，希望调研组也有机会参加小组或者中心会议，看一下会员们的改变。

其次，项目与当前精准扶贫提法非常吻合，因为是一个全程参与的过程。从开始的对象选择、对会员家庭要发展什么产业、改变对生活的愿望、成效如何、家庭变化、教育情况、贷款的变化都要全程了解，所以就精准。

最后，能否复制。目前太邑村试点信用非常好，还款率非常高，比较稳定。如果纳入整个金融体系中考虑复制有可能，但目前的复制经验仍有局限。

图 6-3 富滇—格莱珉扶贫贷款项目

（张小溪拍摄，2017 年 4 月）

三 中心经理在一线工作的想法——执行小组成员访谈

（一）杨丽萍

女，2016 年 6 月 22 日入职，24 岁，云南中医学院心理学专业，2016 年 7 月成立小组，负责已早行政村、乌栖行政村。

“本身是学心理学专业，从大四到毕业第一年，两年的 NGO 工作经历。由于 NGO 做的是专业性强但相对单一的服务而困扰。看到招聘后由于对格莱珉模式感到好奇而查阅资料，看到《穷人的银行家》中的社会发展项目及其 16 条公约后对项目产生了浓厚的兴趣，进而回到大理参加项目并开展对应的工作。

现在自己也说不清楚我们的会员在和我们贷款5000元或者10000元在经济上有什么具体的经济产出，但是会员的精神面貌确实有了很大的改变。刚开展时只有几个妇女鼓起勇气来参加会议，慢慢吸引更多的会员来参加会议。有部分会员，贷款非常少，但是为了孩子的教育每周参加中心会议，带孩子去阅览室看书。这些妇女是长期处于基层政治的边缘人物，通过参加项目，从锅台边、家务事中走出来，甚至还能到村里的中心地方开会，甚至整个家庭都开始变化，有非常多细节的改变。项目给会员提供了一个信息交流的平台，扩大了她们的社会资本和朋友圈，她们可以在中心会议上互通有无。能让长期处在基层政治的边缘人物——妇女按时来参加会议是一个很难的事，她们刚开始会有很多借口，但是现在基本就能准时了。

我们中心经理和会员的关系：二者之间不是传统银行的信贷员与客户之间的关系，更多的时候是一种亦师亦友的关系，我们发自内心地了解彼此最近的生活状况和所遇到的困难，有一位中心经理缺席会议，会员们非常关心，在片区中心经理的工作调动也让片区内的会员牵肠挂肚。

像你们看到的那样，我们的工作确实挺艰苦，但是我们真的做得很开心，因为做了就会让她们有改变，并不在于几千块钱，而是整个人甚至一个家庭的变化。”

（二）赵兴禄

男，2016年5月2日入职，30岁，天津师范大学社会工作专业，2016 年 6 月成立小组，负责大坪地自然村、已早行政村。

“推广时，老百姓对我们项目不了解，去老百姓家里拜访，先通过有兴趣的一两户来动员村里其他人加入。有些会员很坚定，一直认可我们，有些会员接触了之后，有想不明白的地方就退出，我们又要寻找新的农户。这样反复一个月，我们在清水沟建立了第一个小组。与银行传统等客户上门贷款不同，我们主动去村子里寻找客户，变被动为主动。金额也非常小，基本上从 1000 元到 2 万元，这对于经济好的百姓并无作用。经济条件差一点的百姓买羊、买猪、买鸡、做小生意，可以作为本钱。

有些会员认为每个星期来还有点麻烦，但我们坚持每周还款。每周的中心会议，会员会相互分享经验，情感更加拉近，构建社会资本。刚开始我们入村，有些人还会有所抵触，但时间长了之后，会员们很关心我们，见面对我们嘘寒问暖，还邀请我们吃饭和留宿，我们关系非常密切。通过参加项目，经常有会员和中心经理到家中拜访，会员的家庭环境卫生和整个家庭成员的精神面貌都有很大的改变。虽然经济帮助不大，但是他们的意识和精神改变确实挺大的。”

（三）孙玉梅

女，2016 年 5 月 2 日入职，25 岁，渭南师范学院材料科学与工程专业，2016 年 5 月成立小组，负责杉树林自然村、乌栖行政村。

“同事们都说了项目让会员的改变，我想说说我从会员身上学到了什么：我第一个在会员身上学到的精神是勤奋，她们真的很勤劳。每天没日没夜的在为生活和家庭奔波，农忙的时候都要去地里干活，放牛放羊，非农忙的时候就去山上割草，但是还是生活贫困。真的，她们现在的生活状况不是因为她们不勤劳造成的，她们真的只是缺机会和平台。第二个在她们身上学到的精神是坚持：不管是做什么，她们都会很认真很努力的坚持下去。第三个跟会员学会的是勇气：她们的勇气也给了我自己很多的勇气。”

（四）张旭

男，2016 年 8 月 1 日入职，23 岁，云南民族大学旅游管理专业，2016 年 8 月成立小组，负责太邑自然村、栗子园自然村、大脚自然村、桃树行政村。

“之前在一个社区进行动员的时候老百姓对于我们一直都有疑虑。在进行小组培训的时候由于涉及口号等仪式，农户提出质疑：你们又喊口号又交钱的是不是传销组织，要报警，当然当晚的培训没有完成。当天是中元节，两个人十点多从山上回来的时候很害怕，同事（杨丽萍）还一路疑神疑鬼的。

慢慢项目铺开之后，被调查者对我们也没有那么多抵触了，他们经常和我们聊家常，还会给我们讲他们年轻时的经历。我们之间也不是单纯的借贷关系了，大家是一种高于友情，有些类似于亲情的关系了。有时中心经理没有去，他们也会牵肠挂肚，平时也会嘘寒问暖，路过也会喊我们喝茶、吃饭。在核桃丰收季节，家家户户都要给我们核桃，我们空着书包上去，就背一包核桃下来。

虽然刚开始有些困难，但还是非常有乐趣。”

（五）黎云芳

女，2016年10月8日入职，22岁，西南大学人力资源管理专业，2016年11月成立小组，负责先生邑自然村、猪街子自然村、者么行政村。

“中心经理在每周中心会议之余也会去拜访很多的农户，会员和非会员都有。中心经理和会员建立了很好的感情，这是毋庸置疑的，同时非会员也和中心经理建立了很好的情感和信任。甚至这些阿姨会把中心经理当作可以毫无顾忌倾诉的对象，会分享人生中很多难以和旁人述说的秘密。”

“我们工作开展之后，村民也给了我们很多帮助，我觉得我成为他们的一分子，我们也给她们对生活规划很大的勇气和力量，我们互相学习互相促进。”

（六）杨昕

男，2016年6月19日入职，23岁，海南大学旅游管理专业，2016年7月成立小组，负责杉树林自然村、乌栖行政村。

“大家都说的是项目上的事情，而我想谈的是我们这个团队生活上的一些事情。大家都可以看到我们现在依然是集体宿舍，集体生活的状态，我感觉这是大学生活的延续。在这里我们每天结束工作后都会进行一些学习或者是分享工作中的一些事情。我们的团队氛围很好，也正是有一个好的团队才可以把事情做得更好。”

“徒步上山，感觉自己是一个户外旅行者；天晴就骑着摩托去跑山，感觉自己是一个骑士；山上风景比较好，路上可以摄影，感觉自己是一个摄像师；村民杀猪做烤肉喊我们去吃，感觉自己是一个食客；每周五我们组织自然村的小孩带他们玩，发放图书，感觉自己是一个老师。虽然只是中心经理，但体验了很多方面，收获了很多快乐。”

（七）张虎

男，2016 年 4 月 29 日入职，23 岁，云南机电职业技术学院建筑电器工程技术专业，2016 年 5 月成立小组，负责清水沟自然村、山赖口、已早行政村。

“从经济角度上说，贷款给农户不一定能够扶贫，因为农户拿贷款去做生意养殖，可能会亏掉。我觉得这个模式不仅仅是贷款，最核心的地方在于在一个极低的标准把贷款户吸引进来，对有想法的农户进行鼓励，让他实现梦想，对没有发展思路的农户通过把他们所有人集中在一起，每次开会很多人在一起讨论自己的生产，这些没有发展思路的农户也学习到经验，互相带动。我们太邑乡有一句扶贫标语叫：群众不动，扶贫不管用；群众一动，扶贫真管用。我们的模式就是对想做事情做不了的农户给他钱，不想做事的农户通过这样的形式带动起来，整体营造一个氛围，让他有想法，鼓励他，让他有自信。

片区内有一位阿姨的改变让我很感动，她患糖尿病十多年，由于患病，身体情况比较差且疾病也带来了一些经济和精神上的负担，渐渐的处在社区边缘，不与人交流。在项目开始后，其丈夫代为参加项目。后来由于丈夫有事，她就慢慢过来，中心鼓励她来参加，刚开始的时候她一直在中心的外围，也不讲话，不和大家讨论和交流，但是每次都很仔细地听大家的。后来有一次遇到有农户问项目的相关事宜，她忽然就开始和其他人一起分享。这样的改变让大家都觉得很惊喜，至少我们的项目让一个人开始又回到社区了。虽然她没有拿到贷款，但是她精神上已经发生改变了，我们很感动。”

（八）罗仕梅

女，2016年10月8日入职，23岁，云南师范大学公共关系管理专业，2017年3月成立小组，负责者么行政村。

“遇到一个会员，她小的时候父母双亡，自己很努力地带大了自己的兄弟，后来结婚的时候嫁了一个酗酒的丈夫，一直都处在社会的边缘。现在丈夫去世了，和女儿女婿一家三口生活，被评为建档立卡户，修建房子的时候女婿去银行想贷款，被大玻璃挡在外面，银行的工作人员回应说，‘你们家这样的情况，都吃低保户还有什么能力还贷款。’贷款请求被拒。后来通过不断地动员，参加了项目，不断地沟通额度和还款，现在已经开了一个小卖部，只有少量几样的商品，她个人还希望继续贷款，增加商品的种类，把生意做大。我很幸运能从事这样一份工作，能帮助到她们让我觉得很快乐。”

（九）高煜江

女，运营经理，2016年5月1日入职，负责项目点运营。

"因为我是运营经理，不是中心经理，我主要负责的第一个工作是进去放款，第二个是走访困难农户。我去农户家，她基本把我们当成干部的角色，和我说得比较多的话就是：你好啊，感谢啊，我们觉得是有距离的。但是当中心经理和她们坐下来的时候，就感觉很亲切很亲密，好像亲人的感觉，让我很羡慕。和各位分享一个小经验：有一个会员，她是非物质文化遗产传承人，是第一批获得贷款的妇女。第一批发放贷款的时候，她在社区里有一定的话语权和引导力，在小组里有很高的威望，在家庭里也有较高的地位，不用没头没尾地忙家务。我们就通过这个阿姨来扩大项目的影响力，吸引其他会员加入。现在小组和中心使一个人变成一组人，使妇女同志拥有更大的力量。"

"经过一年来的工作基础，会员对我们更多的是依赖和依靠，有更多的归属感，慢慢把我们当成一家人，有事没事都要找我们倾诉，她们心灵上就得到释放，心情是畅快的。"

"对我个人来说，感动在一点一滴当中。我跟张斌算是年龄比较大的，之前上班在企业中工作很压抑。在这里，我负责的运营工作很烦琐，而且很多工作也很紧急，除了吃饭睡觉的时候都在处理事情，但是我觉得心里很平静，我们帮助他们的同时帮助自己，让自己内心获得满足。"

“会员刚开始观望，可能有点害怕，被家庭生活压抑。到现在，有时候为了出席中心会议，她会穿上盛装，同时自己也有了一定的存款，能够很自豪地说我能自己赚出来利息，还能存下款，会员每一天都会有变化，这对我触动很大。”

图6-4　富滇—格莱珉项目部

（张小溪拍摄，2017年4月）

第三节 小额信贷助力村民可持续发展

调研组于2017年4月27日上午对太邑乡太邑村杉树林片区三位贷款户进行了入户走访，对贷款户贷款情况、还款情况、家庭基本情况、未来贷款意愿等进行了调研。

一 李菊英* 贷款户（杉树林片区）

李菊英，女，55岁，身体状况一般，患有风湿病，小学文化水平，主要在家务农，担任杉树林片区02中心02小组组长。家里共有四口人：丈夫李流，58岁，身体健康，

图6-5 调研组与村民合影

（张小溪拍摄，2017年4月）

* 本书所有被访者姓名，均系化名。

小学文化水平，主要在家务农；儿子李正奇，33岁，身体健康，初中文化水平，长期外出务工；孙子李浩，10岁，身体健康，现在读小学。入户时，家里正在盖房子。

李菊英共贷款1万元，每周还款200元。贷款的主要用途是养羊，用贷款买了15只羊，2017年新生小羊6只。已经偿还40周共8000元，还剩10周2000元未还。家里现有资产2亩耕地、五六亩林地、100多棵核桃树、3头牛、21只羊。参加小组会议情况：曾因家中修房请假4次，参加会议期间表现良好，还未修建卫生厕所。未来愿意继续参加项目。

二　李万英贷款户（杉树林片区）

李万英，女，51岁，身体健康，文盲，主要在家务农。家里共有五口人：长子李向包，30岁，身体有残疾，小学文

图6-6　调研组与村民合照

（张小溪拍摄，2017年4月）

化水平，主要在家务农；次子李向江，27岁，身体健康，小学文化水平，主要在家务农；二儿媳鲁凤香，29岁，身体健康，小学文化水平，曾外出务工，现身怀六甲在家待产；孙子李豪，6岁，除眼睛斜视外其他方面健康，在读学前班。

李万英也是杉树林片区02中心02小组的会员，一共贷款2万元，每周还款400元；贷款主要用途是养猪，用贷款买3头猪，死了1头卖了2头，又新购入3头；种植重楼，种了1亩；已还29周（1.16万元）后增加奖励贷款（续贷1.16万元），现剩余1.68万元。家里现有资产3亩耕地、五六亩林地、100多棵核桃树、3头猪、一亩重楼。参加小组会议情况：按时出席中心会议且积极践行六条公约，带孙子来阅读书籍，修建粪尿分离的生态旱厕。未来愿意继续参加项目。

三　李毕水贷款户（杉树林片区）

李毕水，女，50岁，患有长期慢性病（心脏病、胃炎），文盲，主要在家务农。家里共有三口人：丈夫李先果，56岁，身体长期亚健康（腰椎间盘突出），文盲，主要在家务农；儿子李进雄，20岁，身体精神状况不佳，初中文化水平，主要务农，大部分时间在家养病。

李毕水属于杉树林片区，02中心01小组。共贷款7000元，每周还款140元。贷款主要用于养猪，买了3头猪，加上原有的3头，饲养6头，卖了5头且新建一个猪舍；养鸡20只。贷款已还45周（6300元），还剩5周

（700 元）。现有家庭资产：1 亩耕地、3 亩林地、五六十棵核桃树、1 头猪、1 头小牛、十几只鸡。参加小组会议情况：生病住院期间由丈夫代开几次，但本人参会期间表现良好，未修建卫生厕所。已经提出新贷款申请。

第四节　外方合作共推格莱珉中国化

2017 年 4 月 27 日下午，在对项目点的工作环境、工作流程和生活环境进行大概了解后，调研组与格莱珉银行派来的专家胡马云先生（孟加拉国）就外方参与合作共同推进格莱珉模式的中国化问题进行了访谈。以下为胡马云先生的访谈录。

我是来自孟加拉国的胡马云，我在孟加拉国的格莱珉银行工作了差不多 25 年，然后又在哥伦比亚的格莱珉复制项目工作了五年以上，2010~2016 年我在哥伦比亚成功复制了格莱珉项目。从 2017 年 2 月 4 日我开始来这边的太邑项目部。

在孟加拉国，格莱珉银行是小额信贷的先驱。在刚开始它是一个行为研究的项目，现在它已经成长为孟加拉国最大的银行。格莱珉银行取得了令人惊讶的成功，就源于它严谨的技术原则和体系，以及格莱珉倡导的严格的纪律，还有可靠清晰的哲学，可以理解如何去激励穷人并且信任他们。格莱珉在小微金融界对世界最大的一个贡献就是它向人展示了穷人拥有金融服务的权利是毋庸置疑的，并且格莱珉银行能够让成千上万的社会企业家想要复制并且改造这个项目成为可能。

小额信贷被认为是最有利的减轻贫困的一种方式，给予贫困人口特别是贫困妇女没有抵押没有担保的贷款对她们非常有好处。我们的目的就是向她们提供小额的贷款，让她们实现自我雇用。格莱珉银行的创建者穆罕默德·尤努斯先生在金融界是非常有名的。鉴于他在减缓贫困方面做出的贡献，尤努斯先生在 2006 年获得诺贝尔和平奖。

在抵抗贫困过程中，小额信贷显然是一个非常有意义的方式，很多的社会组织在全世界寻找一种发展小额信贷的方式，其中的很多已经使用了格莱珉创造的模式。

富滇银行也引进了我们格莱珉的模式，和我们格莱珉中国合作，现在在太邑支行是一个成功试点。我们现在有 11 个中心、35 个小组、184 个会员。我们的目标是在 2017 年 5 月要达成 200 个以上的会员，还有其中使用贷款的借贷者超过 180 人。在太邑乡 42 个自然村中，我们已经发展了 17 个村。我们希望未来将我们的业务扩展到所有的村民。附近的区域里有 2006 个家庭，如果按照格莱珉模式覆盖 50% 的家庭来计算，我们就会有 1000 个会员。我们一个支行标准的目标是管理 2000 个会员。

我们组织五个有着相同想法和认知、互相认识的妇女组成一个小组，多于一个组的话我们就在当地建成一个中心。她参加小组的计划以及接下来使用贷款的计划，整个小组的人都是要互相知道的。小组之间的成员互相讨论并互相同意就可以进行接下来的流程。小组的成员向我们的经理提出贷款申请，通过以后，就可以向她们提供贷款。

我们的贷款额度最高是2万元人民币，富滇银行现在给了我们275万元人民币，现在已经偿还贷款有112.676万元人民币，还有121.724万元正在归还，我们的还款率是99.5%，每人平均的贷款额是1.6069万元。根据目前感谢富滇银行决定，我们能够将会员所缴纳的——我们称作服务费——实际是利息，根据一定的比例偿还给我们的会员。我们的会员非常高兴能够得到利息的返补，在此也向富滇银行表示感谢。

很多人觉得该模式的每周还款有些困难，格莱珉也尝试过多周或每月还款，但最终都失败了。所以我们一直都在坚持每周还款的规则。我们贷款的周期是50周。我们的中心经理在每周的中心会议上收集会员的还款。我们在中心举行所有相关活动。每周我们的中心经理都要见到我们所有的会员，和她们交流，各会员之间也在互相交流生产和生活中的经验，在互相交流中获取新的经验。在中国，我们的中心经理同时也会向我们的会员讨论我们的六项公约。我们在中心日常生活中不断地激励我们的会员，从社会经济各方面激励她们的发展。

发放贷款之后7天，就要开始她的记录，并且我们中心经理的职能中也要去到她们家里监控她们的贷款使用情况并进行记录。我们支行经理同样有这样的制度，他也要到社区去，这是我们一直坚持的。虽然工作很艰辛，但也很有乐趣。我们整个团队都在尽最大的努力做这个项目。富滇银行的团队和本地的政府都为我们提供非常多的帮助和合作。我们表示非常感谢，希望我们能够达到我们的目的。

第五节　关于格莱珉模式的几点思考

在云南省大理州的太邑村，我们深入调研了普惠金融精准扶贫新模式。富滇—格莱珉项目作为这种新模式的代表，其核心是通过金融机构（银行）提供小额信贷进行村落改造，利益多方（当地政府、外方项目合作方、项目执行小队）共同参与，激发村民进入可持续自我发展阶段。该模式与传统的扶贫项目不同，强调“造血”而不是简单的“输血”，同时集合了利益多方者的力量，能够最大限度地调集政府、社会和企业三方资源，并通过它们之间的实地参与和监督实现资源的有效利用。对于格莱珉模式的中国化，基于此次调研情况，我们有以下三点思考。

第一，银行与政府合作、与党的工作相结合是项目成功实施的重要保障。普惠金融与精准扶贫相结合是扶贫工作的一个重要创新，引入金融资本助力脱贫有助于提高扶贫资金的使用效率，但是普惠金融本身的广泛性决定了其受众群体的分散性，一般而言项目投入成本较高，面临的风险较大，一直存在金融服务动力不足的问题。因此，普惠金融的发展离不开政府“有形之手”的帮助，要解决普惠金融“重在农村、难在农村”的问题，必须依托基层党委政府和村组集体，从宣传工作开始，到动员老百姓参与，都要立足于基层乡镇和村组集体，才能保障项目成功实施。只有用好“看得见的手”，激活“看不见的手”，才能发挥好普惠金融在扶贫攻坚中的重要作用。

第二，引进先进国际合作经验有助于进一步推动我国普惠金融发展，探索适合我国的普惠金融发展模式。从“G20 普惠金融指标体系”来看，我国普惠金融稳步发展，金融服务可得性、使用情况、质量进一步改善，传统金融产品和服务已广泛普及使用，信息技术发展正深刻改变着普惠金融的发展方式。总体来看，我国基础金融服务已基本实现行政村全覆盖，信贷对普惠金融的支持力度平稳增长，信贷障碍有所改善。但是，仍然存在部分边远地区金融服务基础设施尚不完善，普惠金融服务的覆盖率、可得性和满意度亟待加强，金融素养有待提升、发展中的风险防范值得重视等问题。以富滇—格莱珉模式的成功发展为例，积极引入外部资源，学习国际先进经验，有助于弥补我国普惠金融发展中的短板。

第三，发动社会志愿者参与改造传统农业社区有助于推动可持续扶贫。少数民族地区、边远地区以及贫困山区等地方对资源的需求最大，要想解决深度结构性贫困问题，打通扶贫的“最后一公里”，需要积极鼓励并高效引导以社会组织为主的社会力量参与精准扶贫。通过接触富滇—格莱珉项目的志愿者，我们发现他们具有较高的志愿性和充满热情的参与性，由于处于政府体制外，制约较少因此他们的执行速度快。经过培训的志愿者基本能够做到办事公正、公平、透明，民主化程度高。这些志愿者普遍理念思维新，文化、技术、技能等方面优势突出，在与扶贫对象的交往中更注重提升扶贫对象的综合素质和培养他们的脱贫能力。此外，志愿者大部分来源于当地，能够很快融入基层，深入乡土社会，了解社情民意和贫困户的困难需求，能根据农村贫困群体多样化需求提供个性化服务，扶贫准度精和对接更见效。因此，让优质公益资源下沉到基层，鼓励公益组织扎根基层、深入研究不仅有利于脱贫攻坚，更有利于激励村民进行可持续发展，避免脱贫之后的返贫。

附录

附录一　太邑乡太邑村杉树林村民小组中心周会纪要

调研组于 2017 年 4 月 27 日下午参加了杉树林村民小组富滇—格莱珉贷款中心周会活动，观摩了 2016 年贷款奖补、新申请贷款资金发放等会议事项。

负责片区中心经理为孙玉梅、杨昕，当天出席工作人员：胡马云、张斌、杨丽萍、赵兴禄。该片区共计 9 个小组，47 名会员，共有 46 名会员在当天下午 14 时 30 分准时出席小组会议（1 位请假）。中心经理孙玉梅带领大家宣誓完毕，向会员们介绍调研组一行人的到来，告诉会员因为她们勤奋劳动、按时还款，富滇银行决定对她们进行奖励，把缴纳利息返还给她们。会员们非常高兴，感激之情溢于言表。

附图 1-1　调研组观摩会议

（张小溪拍摄，2017 年 4 月）

此次利息奖补是将截止时间2016年12月31日前农户按时缴纳的利息返补给农户作为奖励。按照建档立卡贫困户100%、非建档立卡贫困户80%的比例进行利息返补。富滇银行董事会秘书孔祥丹为第一组第一位会员发放奖补利息，张平教授为第一小组组长发放奖补利息。项目组工作人员介绍：进入项目的第一件事就是要学会写自己的名字，有些会员练习一个多月才学会写自己的名字。按照中心经理的安排，会员们一笔一画地写下自己的名字，有时因为紧张还需要中心经理提醒，激动地领到利息的返补，并对富滇银行表示感谢。当天共为32位会员累计发放奖补利息5546元。

接着，中心经理对3位会员进行了续贷放款，对1位新申请会员进行了放款。4位会员按照顺序还款、领取新贷款、签名，表示将使用续贷的钱继续养殖鸡、猪等。利

附图1-2　富滇—格莱珉扶贫贷款2016年农户奖补活动现场

（张小溪拍摄，2017年4月）

用这个间隙，各小组组长已经将各组员的利息还款收在一起，交由中心经理登记。

附录二　太邑村村容村貌

2017 年 4 月 28 日调研组一行在太邑乡党委负责人陪同下，对太邑自然村实地走访查看了村容村貌，了解新农村建设和脱贫攻坚工作的开展情况。

附图 2-1　调研组深入太邑村

（张小溪拍摄，2017 年 4 月）

附图 2-2　调研组与村民交流

（张小溪拍摄，2017 年 4 月）

附录三　太邑乡乡情简介

太邑彝族乡位于大理市西南部，东与下关镇相连、西南与巍山县接壤、北以西洱河与漾濞县分界，为大理市、巍山县、漾濞县三县市交界地，乡政府驻地距下关城区西环线 13 公里。全乡国土面积 106.5 平方公里，辖太邑村、者么村、桃树村、乌栖村和己早村 5 个村民委员会、42 个自然村、60 个村民小组、2536 户、9199 人，居住着彝族、白族、傈僳、汉族、藏族等民族。其中，截至 2014 年底，全乡有贫困人口 6429 人，占全乡总人口的 69.89%。建档立卡贫困村委会 5 个，占全市 50%；贫困户 762 户，占全市 15.25%；贫困人口 3170 人，占全乡总人口的 49.31%，占全市建档立卡贫困人口的18.58%，是大理市唯一的山区民族贫困乡。

附录四 2016年8月富滇—格莱珉扶贫贷款项目工作情况简报

一 贷款发放情况

截至2016年8月末，富滇—格莱珉扶贫贷款项目累计发放贷款55笔、金额80.7万元，单户平均贷款金额为1.46万元。其中，向建档立卡贫困户发放贷款21笔、金额25.6万元。贷款资金用途主要集中为农户购买种苗或籽种发展种养殖业，购进物资或改善生意经营条件或扩大经营规模等。

8月，新增发放富滇—格莱珉扶贫贷款27笔、金额41.5万元，比上月分别增长了96.4%、105.8%，其中新增发放建档立卡贫困户贷款10笔、金额12.5万元。

二 工作重点事项

1. 深入各自然村开展宣讲会

按照工作计划，8月份驻村扶贫工作队与格莱珉项目团队共同策划开展“富格贷”宣讲活动，制订各自然村（村民小组）宣讲计划和方案并推进实施。截至8月末，已开展陈家村、杉树林、大坪地、清水沟、栗子园、太邑村等8场宣讲会，参会人数累计达到222人次（户），其中建档立卡贫困户参会全覆盖，项目宣讲取得了一定成效，促使群众对项目开展、扶贫贷款申请的了解，后续仍将采取其他宣传手段加大宣传力度。

2. 协调大理分行现场办公

协调邀请大理分行到太邑乡格莱珉项目点集中为富格贷扶贫贷款申请农户办理开户手续，大理分行通过派遣专人现场办理开户业务2次、派遣人员6人次、开立一卡通银行卡33张。

3. 完善工作机制

一是与格莱珉项目团队负责人多次讨论协调沟通、贷款发放等工作程序，制定客户数据统计取数表，并与格莱珉项目团队协调沟通按周、按月传递客户培训、会员、成立小组等基础数据，了解项目推进、客户增长情况。二是与乡政府财政所沟通讨论格莱珉基金账户使用、管理、对账等具体工作，将协调乡政府经办人、格莱珉项目团队财务人员进一步对接并明确具体操作。

附录五　2016年9月富滇—格莱珉扶贫贷款项目工作情况简报

一　贷款发放情况

截至9月末，富滇—格莱珉扶贫贷款项目累计发放贷款63笔、金额95.2万元，单户平均贷款金额为1.5万元。其中，向建档立卡贫困户发放贷款24笔、金额31.6万元。贷款资金用途主要集中为农户购买种苗或籽种发展种养殖业，购进物资或改善生意经营条件或扩大经营规模等。

9月，新增发放富滇—格莱珉扶贫贷款8笔、金额14.5万元，比上月分别增长了14.5%、17.97%，其中新增发放建档立卡贫困户贷款3笔、金额6万元。

二　工作重点事项

推进开展各富滇—格莱珉扶贫贷款项目宣讲活动，9月先后对先生邑、猪街子2个自然村开展两场宣讲会，参会农户64户，截至9月末，已按照宣讲会工作计划完成太邑村10场宣讲会，参会人数累计达到286人次（户），其中建档立卡贫困户参会全覆盖，宣讲会的开展扩大了本行扶贫贷款项目在太邑村、太邑乡范围群众中的影响程度，同时，对扶贫贷款发放具有积极促进作用。

太邑乡富滇—格莱珉扶贫基金管理委员会召开2016年第一次会议，对表彰太邑乡优秀教师、开展富滇—格莱珉宣讲活动、支付太邑村产业发展互助资金等三项事项进行审议，会议同意从太邑乡富滇—格莱珉扶贫基金账户列支5万元用于太邑乡2016年教师节优秀单位（1所）、优秀教师（18名）表彰，列支1.5万元用于富滇—格莱珉宣讲活动赠礼采购，列支15万元用于太邑村产业发展互助资金并由村委会根据互助社申请进度按照资金使用要求拨付。

结合贷款小组成立及发放需求，驻村扶贫工作队积极协调邀请大理分行到太邑乡格莱珉项目点集中为客户办理开户开卡手续，大理分行通过派遣专人现场办理开户业务1次，开立一卡通银行卡12张。

根据大理银监局、中国人民银行大理中心支行要求，按照本行工作安排，于9月29日由大理分行组织工作人员、驻村扶贫工作队协助配合在太邑乡农贸市场开展金融知识普及月活动。银监局、中国人民银行总行、本行大理中心支行相关领导出席活动。

附录六　2016年10月富滇—格莱珉扶贫贷款项目工作情况简报

一　贷款发放情况

截至10月末，富滇—格莱珉扶贫贷款项目累计发放贷款75笔、金额118.2万元，单户平均贷款金额为1.58万元。其中，向建档立卡贫困户发放贷款31笔、金额44.6万元。贷款资金用途主要集中为农户购买种苗或籽种发展种养殖业，购进物资或改善生意经营条件或扩大经营规模等。

10月，新增发放富滇—格莱珉扶贫贷款12笔、金额23万元，比上月分别增长19.0%、24.2%，其中新增发放建档立卡贫困户贷款7笔、金额13万元。

二　重要事项

10月25日上午，大理市委书记孔贵华一行到太邑乡富滇—格莱珉项目点调研，与格莱珉有限公司项目组工作人员座谈交流，了解项目运作方式和工作进展，详细了解贷款情况及帮扶成效等内容。会上，孔书记充分肯定了富滇银行在大理市太邑乡脱贫攻坚战中做出的努力，并认为富滇—格莱珉项目从精神上、根源上扶贫，扶精气神，通过细致入微的工作，让脱贫致富思想入脑入心，取得了较好成效，并希望继续开展好工作并扩大规模，带动更多的群众勤劳致富。

太邑乡富滇—格莱珉扶贫专项基金管理委员会2016年第二次会议于10月26日上午在乡政府办公楼三楼会议室召开。会议审议格莱珉有限公司运营管理费用拨付，研究格莱珉业务服务费的划转、管理、操作及程序等两项事项。会议决定：一是同意从基金专户拨付资金50万元用于格莱珉有限公司运营管理费用，由乡财政所按照基金管理办法及财务程序尽快办理；二是由乡财政所牵头，驻村扶贫工作队协助配合与格莱珉项目团队进一步沟通协调，研究完善业务服务费划转程序和频次等事项，并尽快完成业务开办以来业务服务费资金划转基金专户的工作。

按照乡政府产业发展扶贫项目验收及补助兑付工作安排，驻村扶贫工作队参与配合太邑村委会实地走访现场察看建档立卡贫困户种养殖情况，并依据乡政府资金补助标准填写补助申请表。走访中，借助产业发展扶贫资金兑付契机，驻村工作队参与人员向贫困户了解富滇—格莱珉项目贷款、资金使用、效益等情况，同时，再次对仍未参与贷款项目的贫困户宣传动员，重点介绍项目背景，解释办理流程、贷款资金产业支持促进作用等内容。

结合贷款小组成立及发放需求，驻村扶贫工作队积极协调邀请大理分行到太邑乡格莱珉项目点集中为客户办理开户开卡手续，大理分行通过派遣专人现场办理开户业务1次，开立一卡通银行卡32张，为下一步办理富滇—格莱珉扶贫贷款做好前期准备工作。

附录七　2016 年 11 月富滇—格莱珉扶贫贷款项目工作情况简报

一　贷款发放情况

截至 2016 年 11 月末，富滇—格莱珉扶贫贷款项目累计发放贷款 103 笔、金额 162.6 万元，单户平均贷款金额为 1.58 万元，单户发放最低金额为 1000 元。其中，向建档立卡贫困户发放贷款 43 笔、金额 62.1 万元。贷款资金用途主要集中为农户购买种苗或籽种发展种养殖业，购进物资或改善生意经营条件或扩大经营规模等。

受益于前期贷款小组成立、客户储备、宣讲活动推进，富滇—格莱珉扶贫贷款项目在太邑乡太邑村各村民小组稳步推进，贷款发放笔数资金快速增长。

11 月，新增发放富滇—格莱珉扶贫贷款 28 笔、金额 44.4 万元，比上月分别增长了 37.3%、37.6%，其中新增发放建档立卡贫困户贷款 11 笔、金额 15.5 万元。

二　重要事项

11 月 30 日，太邑乡政府、驻村扶贫工作队、格莱珉有限公司项目团队共同召集太邑乡 5 个村委会负责人，在乡政府三楼会议室举行了富滇—格莱珉项目推进会。会上，对富滇—格莱珉项目开展情况、模式、太邑村贷款及使用等情况进行了交流，对下一步工作推进和宣讲进行了安排。格莱珉有限公司项目团队将结合自身工作安排在做好对太邑村贷款客户拓展及后续服务工作基础上，于12月起进一步扩大贷款客户范围，将工作重心由太邑村转向太邑乡者么、乌栖、己早、桃树其他四个村委会。

根据客户个人结算账户开立及贷款发放需求，驻村扶贫工作队积极协调邀请大理分行到太邑乡格莱珉项目点集中为客户办理开户开卡手续，大理分行通过派遣专人现场办理开户业务1次，开立个人结算账户发放一卡通银行卡20张，为下一步办理富滇—格莱珉扶贫贷款做好前期准备工作。

附录八　2016年12月富滇—格莱珉扶贫贷款项目工作情况简报

一　贷款发放情况

截至2016年12月，富滇—格莱珉扶贫贷款项目累计向当地116户农户发放贷款121笔、金额194.7万元（包括二次新发放4笔），单笔平均贷款金额为1.61万元，单笔发放最低金额为1000元。其中，向56户建档立卡贫困户发放贷款57笔、金额73.1万元（包括二次新发放1笔）。贷款资金用途主要集中为农户购买种苗或籽种发展种养殖业，购进物资或改善生意经营条件或扩大经营规模等。

12月，新增发放富滇—格莱珉扶贫贷款18笔、金额32.1万元，比上月末分别增长了17.5%、19.7%，其中新增发放建档立卡贫困户贷款6笔、金额11万元。

二　重要事项

格莱珉有限公司项目团队针对太邑乡者么、乌栖、已早、桃树四个村委会制定了富滇—格莱珉扶贫贷款项目宣讲会工作计划，相关工作人员已初步到上述四个村委会走访了解情况，为下一步推进宣讲提前准备，拟将于2017年1月正式开展四个村委会“富格贷”宣讲活动。

根据工作计划，为进一步做好本行富滇—格莱珉扶贫项目贷款利息及费用收取的返还奖补工作，项目经办同事与格莱珉有限公司项目团队对前期收取的业务服务费进行了测算，我部将根据项目实际拟定富滇—格莱珉扶贫贷款项目2016年贷款农户奖补方案，经请示行领导通过后与当地政府配合实施。

附录九　2017 年 1 月富滇—格莱珉扶贫贷款项目工作情况简报

一　贷款发放情况

截至 2017 年 1 月，富滇—格莱珉扶贫贷款项目累计向当地 133 户农户发放贷款 138 笔、金额 227.2 万元（包括二次新发放 4 笔），单笔平均贷款金额为 1.65 万元，单笔发放最低金额为 1000 元。其中，向 60 户建档立卡贫困户发放贷款 61 笔、金额 81.1 万元（包括二次新发放 1 笔）。贷款资金用途主要集中为农户购买种苗或籽种发展种养殖业，购进物资或改善生意经营条件或扩大经营规模等。

1 月，新增发放富滇—格莱珉扶贫贷款 17 笔、金额 32.5 万元，比上月末分别增长了 14.0%、16.7%，其中新增发放建档立卡贫困户贷款 4 笔、金额 8 万元。

二　重要事项

为进一步做好本行富滇—格莱珉扶贫项目贷款利息及费用收取的返还奖补工作，按照工作计划，项目经办同事与格莱珉有限公司项目团队对前期收取的业务服务费进行测算，并提出业务服务费返还奖补方案上报，根据要求工作队进行了调整，并向大理市政府、太邑乡政府征求相关意见，目前奖补返还方案正在报批中，拟于近期完成执行。

附录十　2017年2月富滇—格莱珉扶贫贷款项目工作情况简报

一　贷款发放情况

截至2017年2月，富滇—格莱珉扶贫贷款项目累计向大理市太邑乡133户农户发放贷款143笔、金额237.2万元（包括二次新发放8笔、提前收回2笔），单笔平均贷款金额为1.66万元，单笔发放最低金额为1000元。其中，向60户建档立卡贫困户发放贷款63笔、金额99.1万元（包括二次新发放2笔、提前收回1笔）。贷款资金用途主要集中为农户购买种苗或籽种发展种养殖业，购进物资或改善生意经营条件或扩大经营规模等。

2月新增发放富滇—格莱珉扶贫贷款5笔、金额10万元，比上月末分别增长3.6%、4.4%，其中新增发放建档立卡贫困户贷款1笔、金额2万元。

二　重要事项

2月10日上午，驻村扶贫工作队与格莱珉项目团队在太邑村项目点举行座谈会，格莱珉外国专家（2人）、驻村扶贫工作队、格莱珉团队工作人员参加了座谈。座谈会介绍了太邑乡情民情、项目开展及推进情况、业务操作情况等，对国外格莱珉模式运行情况及经验进行了交流，并深入沟通了下一步业务推进和工作计划。座谈会提出，在后续工作中进一步加强沟通交流、强化协调配合、完善日常工作机制、提高工作效率，加快业务推广和复制等意见和建议。

根据贷款发放需求，驻村扶贫工作队应格莱珉项目团队要求积极协调邀请大理分行到太邑乡格莱珉项目点集中为客户办理开户开卡手续。分行派遣专人现场办理开户业务，开立个人结算账户发放一卡通银行卡13张，为下一步办理富滇—格莱珉扶贫贷款做好前期准备工作。

附录十一　2017 年 3 月富滇—格莱珉扶贫贷款项目工作情况简报

一　贷款发放情况

截至 2017 年 3 月，富滇—格莱珉扶贫贷款项目累计向大理市太邑乡 141 户农户发放贷款 154 笔、金额 255.2 万元（包括二次新发放 11 笔、提前收回 2 笔），单笔平均贷款金额为 1.66 万元，单笔发放最低金额为 1000 元。其中，向 65 户建档立卡贫困户发放贷款 68 笔、金额 107.1 万元（包括二次新发放 4 笔、提前收回 1 笔）。贷款资金用途主要集中为农户购买种苗或籽种发展种养殖业，购进物资或改善生意经营条件或扩大经营规模等。

3 月份新增发放富滇—格莱珉扶贫贷款 11 笔、金额 18 万元，比上月末分别增长 7.7%、7.6%，其中新增发放建档立卡贫困户贷款 2 笔、金额 3 万元。

二　重要事项

3 月 23 日上午，省国资委副巡视员和建英带队深入太邑村富滇—格莱珉扶贫贷款项目点调研指导工作，富滇银行党委副书记余汝兴及相关人员参与调研。调研组与格莱珉项目团队在太邑村项目点举行座谈会，驻村扶贫工作队、格莱珉团队工作人员参加了座谈。座谈会介绍了太邑乡情民情、项目开展及推进情况、业务操作情况等，对国外格莱珉模式运行情况及经验进行了交流，并深入沟通了下一步业务推进和工作计划。和建英副巡视员充分肯定了富滇银行对脱贫攻坚工作的高度重视，发挥金融企业的创新优势，成功引入孟加拉国格莱珉扶贫贷款模式，为全省脱贫攻坚工作注入新鲜血液，切实做到了精准扶贫、精准脱贫。她指出，富滇—格莱珉项目模式的引入对于富滇银行履行社会责任，开展金融扶贫工作是一个良好的开端，下一步工作中进一步加强沟通交流、强化协调配合、完善日常工作机制、提高工作效率，加快业务推广和复制等意见和建议。

附录十二　2017 年 4 月富滇—格莱珉扶贫贷款项目工作情况简报

一　贷款发放情况

截至 2017 年 4 月，富滇—格莱珉扶贫贷款项目累计向大理市太邑乡 147 户农户发放贷款 167 笔、金额 276.7 万元（包括二次新发放 5 笔、提前收回 8 笔），单笔平均贷款金额为 1.66 万元，单笔发放最低金额为 1000 元。其中，向 69 户建档立卡贫困户发放贷款 78 笔、金额 121.6 万元。贷款资金用途主要集中为农户购买种苗或籽种发展种养殖业，购进物资或改善生意经营条件或扩大经营规模等。

4 月份新增发放富滇—格莱珉扶贫贷款 13 笔、金额 21.5 万元，其中新增发放建档立卡贫困户贷款 4 笔、金额 6.5 万元。

二 重要事项

近期，富滇—格莱珉扶贫贷款项目推动行动组深入桃树村、者么村开展项目宣讲活动。活动中，李韶谦书记充分肯定了富滇—格莱珉扶贫贷款项目前期所取得的成效，并传达了乡党委 2017 年加大该项目力度的相关工作目标和要求。李镇芳队长介绍了项目运行情况等，提出富滇—格莱珉扶贫贷款项目初衷是"拥抱金融界不可接触者"，专为解决贫困群众有想法、有技能、有脱贫梦想但是缺乏资金支持的难题而设立，希望当地群众充分利用好扶贫贷款，发展生产扩大产业，早日增收脱贫；格莱珉项目团队向群众详细讲解项目的准入人群、条件、办理流程、贷后管理、贷后目标等，并一一解答农民群众提出的问题。现场气氛活跃，参会群众积极响应，一致表示富滇—格莱珉扶贫贷款项目是为农户量身打造，为当地群众解决了贷款难题，有效帮助村民解决产业脱贫时资金短缺的问题，这样的好项目应在村内认真宣传推广，把这项普惠金融、脱贫利器带给更多需要的农户。

4月26日至27日，中国社会科学院经济研究所副所长、研究员张平，副研究员张小溪，博士后钟阳，博士郭敏一行四人到大理市对富滇—格莱珉扶贫贷款项目开展了历时两天的专题调研。本次调研通过深入了解富滇—格莱珉模式在云南的运行情况、当地社区改造以及普惠金融情况，对少数民族地区精准扶贫政策展开研究，特别是金融机构对于精准扶贫的促进作用。我行董事会秘书孔祥丹、总行相关部门、大理分行、昭通昭阳富滇村镇银行负责人参与调研。

4月27~28日，富滇银行党委书记、董事长夏蜀，董事会秘书孔祥丹带领相关部门负责人一行到大理市太邑彝族自治乡太邑村开展“挂包帮”“转走访”2017年回访工作，深入结对帮扶贫困户家中考察扶贫工作，鼓励村民坚定信心，战胜困难，增强致富能力。董事长夏蜀、董事会秘书孔祥丹分别深入结对帮扶贫困户家中，与农户亲切交谈，详细了解和全面掌握扶贫对象家庭生产生活情况、当前发展现状、帮扶措施落实情况及帮扶户亟须解决的困难，重点了解建档立卡贫困户近一年来生产生活改善、种养殖发展情况以及存在的困难等，并认真填写《云南省“挂包帮”“转走访”回访贫困村问卷》和《云南省“挂包帮”“转走访”回访贫困户问卷》，与建档立卡贫困户共谋脱贫发展思路，提出具有可操作性的意见建议，进一步增强贫困户脱贫的意识和致富的信心，同时，根据不同情况制订个性化的帮扶计划，帮助贫困户实现脱贫。

4 月 28 日富滇银行总行党群部部长段中砥一行四人到富滇 – 格莱珉太邑乡项目驻地进行会谈，会上听取了富滇—格莱珉项目负责人对 2016 年项目工作的整体回顾及 2017 年项目推进计划，其中党群部段中砥部长在充分肯定富滇—格莱珉项目 2016 年的工作同时也提出了一些不足及需要改进的地方，最后结合 2016 年一年项目工作的开展情况也提出了 2017 年对项目工作的要求和展望。

附录十三 “富格贷”项目介绍

一 项目背景

“富格贷”项目全称富滇—格莱珉扶贫贷款项目，是在国家精准扶贫和金融扶贫的大背景下，富滇银行引进孟加拉国格莱珉银行的模式，于 2016 年 5 月在云南省大理市太邑乡试点。太邑彝族自治乡是大理市唯一的贫困乡，习近平总书记 2015 年初在云南调研的时候强调要坚决打好扶贫开发攻坚战，加快民族地区经济社会发展，不让一个贫困户落下。在此大背景下，大理市人民政府及太邑乡党委政府制订了太邑乡各村委会的脱贫计划。富滇银行作为省属龙头企业，用百年的发展历程始终为云南省的人民群众服务。在国家扶贫攻坚和金融扶贫、创新扶贫的背景下，富滇银行引进格莱珉银行模式后首先在太邑村委会试点，“富格贷”项目于 2015 年 5 月 26 日组织了第一批放款农户的放款仪式，至此“富格贷”项目正式落地太邑。

项目通过复制全球小额信贷的先驱格莱珉模式，拥抱金融界不可接触者。

二 富滇银行介绍

富滇银行股份有限公司（以下简称“富滇银行”）成立于 2007 年 12 月 30 日，是经中国银监会批准成立的云南省省级地方性股份制商业银行。

成立以来，富滇银行一直以加快发展地方金融业、促进云南经济发展为己任，积极面对复杂多变的外部经济金融环境，坚持以科学发展观统领全局，以风险控制为前提，以全面发展为主线，以提高经营质量和监管评级为重点，着力推进结构优化和发展方式转变，拥有优质的客户基础、多元的业务结构、强劲的创新能力和市场竞争力，实现了效益、质量、规模的协调发展。

截至 2015 年底，富滇银行共有分支机构 123 家，在云南省大部分州市和重庆成立分支行，与老挝外贸大众银行合资设立老中银行，发起设立 4 家村镇银行，成立 3 家专业金融服务中心。未来几年，富滇银行将按照“跨越发展的先行银行、金融创新的品牌银行、小企业金融的首选银行、财富管理的特色银行”的市场定位，发展成为资产优质、服务优良、文化优秀的创新型现代商业银行，同时紧紧抓住云南“两强一堡”建设和沿边金融综合改革试验区建设的历史机遇，为云南省经济社会实现又好又快发展贡献更大力量。

三 格莱珉银行及格莱珉模式介绍

1. 格莱珉银行简介

1976 年，尤努斯教授发起了“格莱珉银行项目”（“格莱珉”在孟加拉语中是乡村、农村的意思）。该行动研究项目的目标包括：

为农村地区贫困的妇女提供银行信贷服务；

消除放贷人对穷人的剥削；

为孟加拉国农村地区无数的无业人员创造自我雇用机会；

为来自最贫困的家庭弱势群体，尤其是妇女，创造一个她们能够理解和操作的组织形式；

将长期以来一直存在的恶性循环“低收入—低储蓄—低投资—低收入”，转变为不断扩大，稳步发展的良性循环，即“低收入—贷款—投资—更多收入—更多储蓄—更多投资—更多收入”。

在 1976~1979 年间，格莱珉项目在乔布拉村和邻近几个村落初步实验成功，1979 年在孟加拉国中央银行的赞助和几家国有商业银行的支持下，该项目逐渐发展壮大，影响范围扩大到更多的地区。1983 年 10 月，格莱珉银行项目通过一项专项治理条例成为一家独立的银行，即格莱珉银行。

如今，格莱珉银行已经是孟加拉国最大的银行，拥有 830 万名借贷者，其中 98% 是妇女。自 1982 年以来，格莱珉银行大约有 71.2 亿美元的贷款，还款率接近 98%。格莱珉银行及其创始人尤努斯教授在 2006 年获得诺贝尔和平奖。

2. 格莱珉模式介绍

格莱珉项目的第一个复制成功的案例发生在大约 20 世纪 80 年代的马来西亚，从那以后，格莱珉项目在世界各地不断被成功复制，迄今为止已经有 175 个项目在 100 多个国家实验成功。这些“格莱珉模式的项目”，吸收了格莱珉银行的精髓，并将之应用于各自特殊的环境中，总体说来有如下特点。

关注于服务那些非常贫困的社会边缘人，尤其是妇女和农村地区的穷人。大多数格莱珉模式项目通过某种符合成本效益的定位工具，以确保它们能够触及当地最穷的人，这些机构将它们的资源主要或者专门运用于最穷、最弱势的群体。

提供无须抵押品的贷款，以促进自我雇用。格莱珉模式提供的小额贷款不需要借贷人提供抵押品。贷款主要用于现有的或者新建的创收项目。当格莱珉项目逐渐发展壮大后，它们便开始增加贷款品种，引进房贷、教育贷等。

贷款额度小，还款次数频繁。贷款额度小和还款次数频繁（每周一次），使得会员清偿债务的难度大大降低，成功率提高。

融入储蓄要素。格莱珉项目认识到，为了打破贫穷的恶性循环，穷人必须首先建立自己的资产。而最重要的资产之一就是储蓄。最好的储蓄方法必须安全简单，并且有利息支付。虽然很多项目暂时还不具备储蓄存款的法定资格，但是他们与正规机构合作，将储蓄存款作为项目的一个重要组成部分。

格莱珉模式项目采用格莱珉银行的小组和中心模式。大约五个人组成一个小组，一定数量的小组（2~10 个）组成一个中心，所有的交易都在中心进行。借贷人之间必须互助合作和互相支持，以确保贷款资金得到合理利用。

更广泛的发展议程。格莱珉模式不仅仅局限于以一种经济上可持续的方式提供贷款、存款和其他相关服务，它们有清晰的组织目标：激励贫困家庭努力奋斗，越过贫困线，关注家庭的教育、卫生、健康等内容。

四 “富格贷”项目目标及特点

1. 项目目标

通过“无担保”“无抵押”的方式为客户提供贷款，给其创造创业机会，拥抱金融界不可接触者，避免高利贷剥削。

潜移默化地培养客户的储蓄习惯和个人责任感。

帮助客户建立良好的征信记录，进入中国主流经济体系。

和客户一起关注她们家庭的环境卫生、健康、教育等相关知识，促进会员家庭全面协调可持续发展。

2. 项目特点

无抵押、无担保；

五人小组，小组自治；

持续性的小组培训；

每周会议，分期还款；

贷款主体为妇女；

滚动贷款（半年后可续贷）；

贷款必须用于创收。

五　“富格贷”项目的合作模式和管理架构

1. 项目合作框架

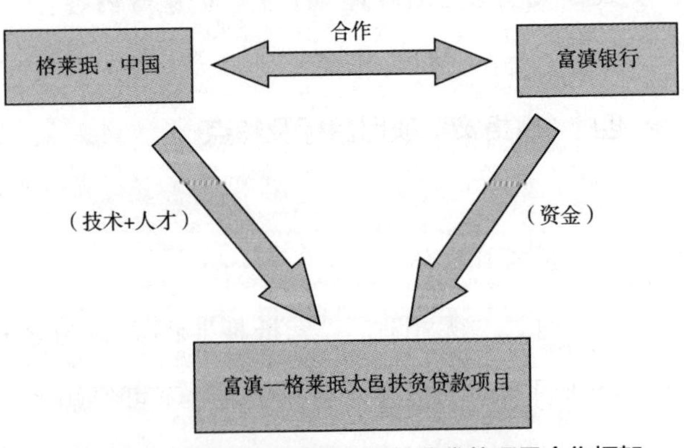

附图 13-1　富滇—格莱珉太邑扶贫贷款项目合作框架

2. 项目组织架构

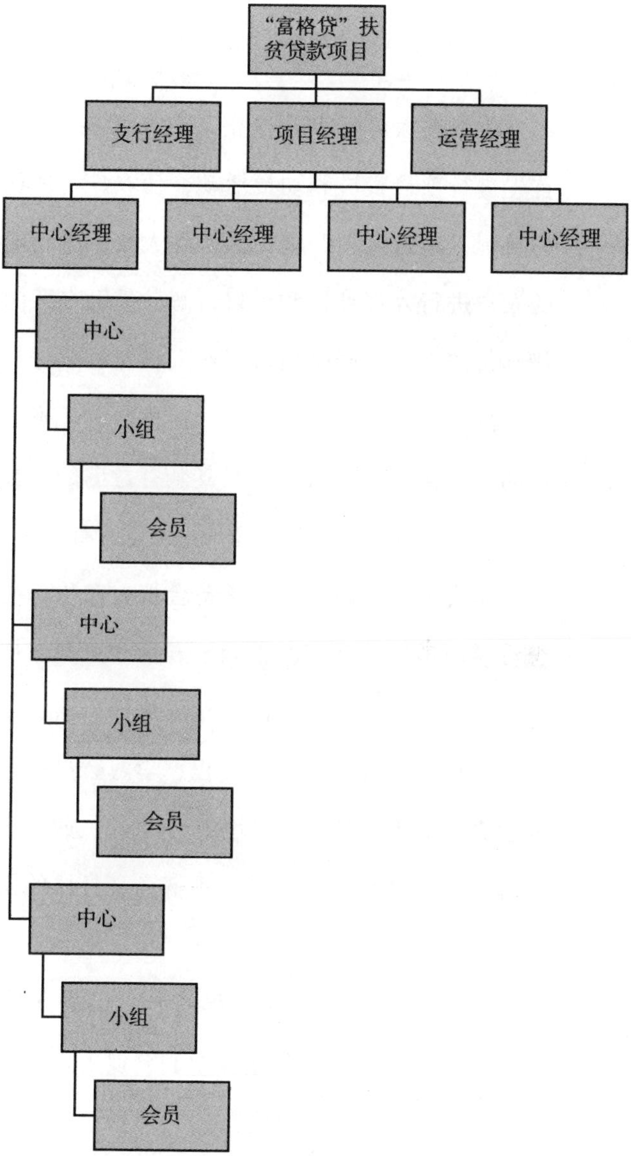

附图 13-2 "富格贷"扶贫贷款项目结构

六　项目进展

（一）项目目前在太邑使用的工作方法

项目在太邑严格按照格莱珉在孟加拉国的模式进行。首先进行项目宣讲和动员活动，让农户清楚项目背景、项目目标、项目流程、项目操作等大致流程。随后对有意向的农户进行入户拜访和项目讲解，鼓励有意向的农户去寻找其余的农户，同时项目工作人员也继续进行动员，当有意向的农户达到三人时可召开迷你会议，确定大家参加项目的意向再集思广益去寻找其余有意向的会员，在此过程中不断的召开迷你会议直至形成五人小组。

形成五人小组后召开预备会议，在预备会议上继续向会员说明项目及其流程，确定五个会员都参加后开始小组培训。小组需要进行五次持续的培训，培训过程中会向会员介绍项目目标、背景、流程、学习会员六条公约（会员的健康、卫生、教育、环境等内容），选举组长和副组长，了解组长和副组长的职责，了解会员具体的借贷计划并交由小组讨论。

一个村子在形成两个及以上小组时开始组织中心会议，会员所有的发展议题在中心会议上进行讨论，中心成为会员的公共场所和力量源泉。

放款流程：会员在通过小组认证后根据其个人的发展计划即可分批获得贷款，放款比例一般为 3∶2、2∶3 或者是 2∶2∶1 的形式进行，一般组长和副组长最后得到贷款。

但结合“富格贷”项目的具体操作模式，将放款细化为以下几个步骤。

会员资料收集。参加“富格贷”项目的会员需要用到如附表13-1所示资料。

附表13-1　项目相关资料

分类		需要资料	数量（份）
开户	1	本人携身份证到办公室办理	
	2	身份证复印件	2
	3	个人存款账户开户表	1
	4	个人结算账户管理协议	1
贷款（交富滇银行资料）	1	户口本复印件：户主+借款人；户主+丈夫	1
	2	夫妻双方二代身份证复印件	1
	3	夫妻双方结婚证复印件	1
	4	借款合同	2
	5	补充协议（复印件）	1
	6	会员信息表（复印件）	1
	7	征信（原件）	1
	8	借据	1
	9	贷款申请表（复印件）	1

在完成初步的资料收集后将资料交给富滇银行驻村工作队，由驻村工作队员到富滇银行大理分行，将借贷者相关信息录入系统（该系统专门为“富格贷”项目设计），完成信息录入和获得相关部门领导签字且会员无不良信用记录则可为会员办理放款。

在小组培训过程中商定好小组放款顺序，由格莱珉银行工作人员将会员账号中的贷款取出，在中心/小组会议上由中心经理和中心主任/组长共同为会员放款。

附录十四　项目业务流程

附表 14-1　富滇—格莱珉金融扶贫项目业务流程设计

阶段	格莱珉有限公司项目经理	富滇—格莱珉金融扶贫事业部大理分部客户经理
贷前调查	负责根据格莱珉模式进行贷前调查	否
资料审核		审核（是）
信贷审批		信贷审批
开卡放款		根据客户资料发卡，审批通过后放款至客户银行卡
贷款发放	以现金形式将贷款发放至农户手中	送卡至村服务点
贷款回收	按周以现金当时收款，存入指定还款账户	按月回收贷款
贷后管理	配合银行要求进行贷后资料收集及贷后管理	
项目完成	单个项目结束，进入下一次贷款流程	贷款全额回收，单个项目结束，进入下一次贷款流程

附录十五　富滇银行“富滇—格莱珉扶贫贷款项目”实施情况报告

一　前言

2007年，云南省委、省政府决定重组昆明市商业银行，恢复成立“富滇银行”，作为云南省唯一一家省级地方性股份制商业银行。在行领导班子的带领下，全行干部员工牢记省委、省政府重托，不负全省4700万群众期望，经过8年来的艰苦努力，全行资产规模、年度盈利能力分别提升到成立之初的4.17倍、68倍，从一个名不见经传的昆明市范围内的金融机构逐步走出云南、走出国门，成为全国130多家银行中首家在外设立法人机构的城市商业银行。在实现好自身良好发展、全力服务地方经济的同时，作为云南人自己的银行，富滇银行深感社会责任的重大，一贯奉行“源于社会，回报社会”的宗旨，积极履行社会责任，以实际行动回馈社会，先后向汶川大地震灾区、爱心水窖、昭通鲁甸地震灾区等捐资3000余万元。自2008年成立以来，富滇银行连续八年被云南省委、省政府评为“社会扶贫先进单位”，受到社会各界的高度评价，赢得了全省广大人民的充分肯定。

去年中央扶贫开发工作会议召开以来，富滇银行认真贯彻落实各级党委、政府及监管部门关于金融助推脱贫攻坚的决策部署，认真落实监管要求，发挥金融机构优势，以“金果贷”“金蔬贷”等惠农产品为依托，积极参与扶贫开发，探索金融扶贫有效模式，加大扶贫信贷投入，强化风险管控，用富滇人的满腔热血诠释着对党和人民事业的赤胆忠心和无限热忱，以实际行动展示了共产党员的时代风采和为民本色。扶贫开发金融服务取得初步成效，为全省脱贫攻坚提供了有力的金融支撑，有力推动云南省扶贫攻坚战取得令人欣喜的实践成果。

2016 年，富滇银行以落实“精准脱贫”要求，践行“普惠金融”理念为核心，坚持以金融创新促进精准扶贫，引入世界小额信贷先驱——格莱珉银行模式，创新开发扶贫小额信贷产品“富滇—格莱珉扶贫贷款”。现对富滇—格莱珉扶贫贷款项目实施背景、措施和成果进行汇总分析，希望通过对项目的深入研究，以富滇—格莱珉扶贫贷款项目实施为契机，为探索形成具有中国特色的金融模式总结经验，落实精准扶贫、精准脱贫要求，使之作用于更大范围的脱贫攻坚工作，在全国全省扶贫开发中做好金融服务工作。

二 项目实施背景

（一）大理市太邑村情况

太邑彝族乡位于大理市西南部，全乡国土面积 106.5 平方公里，辖太邑村等 5 个村民委员会、42 个自然村、60

个村民小组、2372户、9062人，居住着彝族、白族、傈僳族等少数民族。截至2014年底，全乡有贫困人口6429人，占全乡总人口的70.94%。建档立卡贫困村委会5个，占全市50%；贫困户762户，占全市15.25%；贫困人口3170人，占全乡总人口的34.98%，占全市建档立卡贫困人口的18.58%，是大理市唯一的山区民族贫困乡。

（二）富滇银行挂钩太邑村开展“挂包帮”“转走访”工作情况

2015年8月，根据中共云南省委《关于印发〈省级领导扶贫攻坚挂片联县方案〉和〈省级部门（机关）、企事业单位和中央驻滇单位扶贫攻坚挂联县方案〉的通知》的统一部署，确定富滇银行脱贫攻坚挂联市为大理市，要求金融机构不断增强扶贫开发金融服务的精准性和有效性，对挂钩帮扶点和建档立卡户要做到不脱贫不脱钩，明确大理市唯一贫困乡——太邑乡作为富滇银行“挂包乡”，太邑乡的太邑村作为“挂包村”，富滇银行77名领导干部挂联太邑村207户建档立卡贫困户。根据《中共云南省委办公厅、云南省人民政府办公厅关于建立扶贫攻坚“领导挂点、部门包村、干部帮户”长效机制扎实开展“转作风走基层遍访贫困村贫困户”工作的通知》（云办通〔2015〕38号），2015年10月，富滇银行制订了详细的走访计划，77名参与“挂包帮”工作的领导干部分三批前往太邑乡开展了第一轮遍访，在“转走访”过程中，走访领导干部与挂钩贫困户深入交谈，了解挂钩户家庭情况，同时认真填写了《云南省遍访贫困村访谈问卷》和《云南省遍访贫困户访谈问卷》，动真情、动真格，围绕建档立卡农户脱贫需求，完善精准脱贫方案，确保真扶贫、扶真贫。2016年以来，经过动态调整后，富滇银行挂钩建档立卡户由2015年的207户调整为134户，富滇银行也对挂钩帮扶方案进行了动态调整，富滇银行每位领导干部结对帮扶不少于1户贫困户，其中行领导每人结对帮扶2户贫困户，并于2016年5月正式启动回访工作，制定下发了《富滇银行关于开展2016年"挂包帮""转走访"回访工作的通知》，明确了回访工作的目的、要求和具体安排。5月26日，行党委主要领导率先对挂包村帮扶户进行了第一轮回访，截至8月26日，78位挂钩领导干部按要求已全部完成了回访工作，并根据回访情况及时调整完善领导干部个人帮扶计划，督促落实贫困村贫困户脱贫规划的制订与实施。

通过走访交流，富滇银行的领导干部深深地感受到广大贫困户对于脱贫致富的坚定信心和热情，同时也感受到了他们对于现代金融服务尤其是小额信贷的需求和渴望，然而由于种种原因，要想从传统的金融渠道获得小额贷款可谓困难重重，对于金融机构来说，这些贫困农户是我们平常无法接触到的对象，他们作为金融不可获得者，更渴望享受到便捷、有效的金融服务。富滇银行深感责任重大，真正的扶贫不仅仅是捐钱捐物，是要从根源上让贫困地区人民增强脱贫致富的信心，让他们享受更多的金融服务，更全面地参与到整个社会发展中来。

三　项目合作实施情况简介

全球12亿贫困人口，13%在中国，云南的贫困人口数量居中国第二位、片区县和重点县数量居中国第一位，是中国扶贫攻坚的主战场之一。2015年1月，习近平总书记在云南考察时强调，要以更加明确的目标、更加有力的举措、更加有效的行动，深入实施精准扶贫、精准脱贫，项目安排和资金使用都要提高精准度，扶到点上、根上，让贫困群众真正得到实惠。富滇银行作为云南人自己的银行，更希望发挥金融机构优势，围绕精准扶贫、精准脱贫的要求，在传统的捐赠帮扶的基础上，探索新的金融扶贫模式。

贫困问题是一个世界性的问题，各国都在积极寻求各种途径消除贫困，穆罕默德·尤努斯作为格莱珉银行的创始人，开创和发展了“微额贷款”的服务，专门提供给因贫穷而无法获得传统银行贷款的创业者，有“穷人的银行家”之称。2006年，“鉴于他们从社会底层推动经济和社会发展的努力”，尤努斯先生与孟加拉国格莱珉银行共同获得诺贝尔和平奖。

2015年末，富滇银行与格莱珉有限公司开始接触，初步了解了格莱珉银行的背景和技术模式，格莱珉银行致力于消除贫困的愿景与富滇银行积极履行社会责任的价值观高度一致，格莱珉模式在为穷人提供金融服务上发挥出的作用也让同样作为金融机构的富滇银行深感震撼和钦佩，为富滇银行提供了金融助推脱贫攻坚的新思路新方法。

于是，经过前期多次调研商谈，2016 年 2 月，富滇银行决定引入格莱珉银行技术，结合富滇银行扶贫工作“挂包帮”联系点大理市太邑乡的贫困现状推出“富滇—格莱珉扶贫贷款”项目，格莱珉有限公司负责提供格莱珉模式的技术支持和日常运营管理，包括格莱珉模式核心技术的复制、孟加拉国专家的聘请、相关工作人员的招聘培训管理和信贷项目运作技术支持，富滇银行负责提供项目运营所需经费和项目实施所需的信贷资金，同时协助格莱珉有限公司参与项目的管理运营工作，计划通过复制“一个标准的格莱珉模式支行”，为项目点及周边区域的建档立卡贫困户及其他低收入农村居民提供小额贷款和培训支持，帮助建档立卡的贫困户特别是贫困妇女，建立自己的小微企业，使她们以及她们的家庭摆脱困难，过上更好的生活。

2016 年 5 月 26 日，富滇—格莱珉扶贫贷款项目在大理市太邑乡太邑村举行揭牌仪式并成功发放首批贷款。当天发放的首批富滇—格莱珉扶贫贷款共计 10.2 万元，7 名来自建档立卡农户和其他贫困户家庭的妇女获得首批扶贫贷款，单户贷款金额最高的为 2 万元，最低为 1000 元，首批贷款的成功发放标志着格莱珉模式在中国成功落地。《人民日报》、《云南日报》、新华网等多家媒体专题报道并给予高度评价。“中国金融学科终身成就奖”获得者、西南财经大学曾康霖教授深入实地探访调研，在《金融时报》发表了题为《金融扶贫的新生事物——记富滇—格莱珉扶贫贷款项目设立与实施》文章，充分肯定了富滇银行用心用情做金融扶贫工作的探索和创新。

四　项目实施组织与管理情况

（一）精心组织，助推项目实施

为做好金融精准扶贫攻坚工作，富滇银行成立了扶贫领导小组，实行党委、行政主要领导双组长制，由富滇银行党委书记、董事长夏蜀和富滇银行党委副书记、行长杨敏担任扶贫工作领导小组组长，总行各相关部室负责人担任成员，扶贫工作领导小组全面统筹并组织开展金融扶贫脱贫攻坚工作，整体协调推进“富滇—格莱珉扶贫贷款”相关工作。领导小组下设金融扶贫和“挂包帮”“转走访”两个工作组，具体落实和实施各项扶贫计划和任务，使得扶贫工作有部署、有落实、有督促、有成效。富滇—格莱珉扶贫贷款项目的实施就是富滇银行2016年金融扶贫工作重点之一，行领导在富滇银行党委会、富滇银行扶贫工作领导小组会议上多次做专题研究部署，党委书记、董事长夏蜀带头多次深入项目所在地太邑乡进行实地调研，找准格莱珉模式与精准扶贫的对接点，把准审慎规范与创新变化的控制点，全面考量和设计合作方式、工作机制和业务流程，富滇银行扶贫领导小组协调有关部室制定方案、研发产品、改造系统、建立完善机制，为项目顺利实施落地和有效运转提供了强有力的组织保障；为做好脱贫攻坚具体工作的操作落实，富滇银行组建了驻村扶贫工作队赴太邑村，选派了10名同志作为扶贫工作队员前往大理参加驻村扶贫工作，驻村扶贫工作队员负责做好与挂联县、挂包乡、挂包村联系衔接，配合乡党委、政府和村委会做好扶贫攻坚日常工作，配合富滇银行“挂包帮、转走访”工作的顺利开展，推动帮扶项目落地。在整个项目研讨过程中，省扶贫办、中国人民银行昆明中心支行、云南银监局、省金融办等单位和部门均给予了指导和支持，项目也得到了大理人行、银监局和太邑乡等单位的全力帮助。在多方共同努力下，形成了具有富滇特色、具有符合精准脱贫要求、具有良好社会效应的扶贫创新产品，既确保原汁原味的引入格莱珉模式，又切合云南省脱贫攻坚的实际，更充分发挥富滇银行金融助推扶贫攻坚的作用。

（二）强化管理，措施落实到位

为加强“富滇—格莱珉扶贫贷款”项目运营管理，富滇银行充分发挥金融机构在脱贫工作中的主体作用，按照银监做好金融扶贫工作提出的“单列信贷资源、单设扶贫机构、单独考核服务覆盖率、单独研发金融产品”的要求，对金融扶贫工作进行单独管理、单独核算、单独调配资源。一是设立了富滇—格莱珉扶贫贷款项目事业部，专职负责项目的实施推进等具体事宜；二是在项目所在地成立事业部大理工作部，配合推进项目实施；三是为加强业务流程控制与风险管理，与富滇银行现有贷款业务结合并创新原有业务模式，针对“富滇—格莱珉扶贫贷款”制定出台了《富滇—格莱珉扶贫贷款业务操作规程》，从部门职责、操作规定、文本格式、授信审批等方面做出规范要求，该款产品将格莱珉银行模式与国内商业银行信贷管理流程充分结合，富滇银行提供信贷资金和结算服务，既解决了格莱珉银行的信贷资金来源和管理问题，又满足了原汁原味复制格莱珉银行模式的要求。确保项目紧扣金融扶贫工作部署，符合云南省脱贫攻坚实际。

（三）设立基金，完善管理闭环

格莱珉银行目前已在世界上十余个国家顺利复制并取得成功，富滇银行引入格莱珉银行模式，根本目的是希望借助格莱珉成熟的商业模式和技术手段，为云南省的脱贫攻坚工作提供一个新的模式和样本。为保证富滇—格莱珉项目能够顺利落地，富滇银行在项目实施中认真研究格莱珉银行模式，结合金融扶贫工作要求，富滇银行创新设立了太邑乡富滇—格莱珉扶贫专项基金并进行了现场捐赠，基金来源以富滇—格莱珉扶贫项目贷款利息收入和社会捐赠为主，主要用途如下。一是对参与富滇—格莱珉项目的建档立卡贷款户进行利息补贴。格莱珉在世界十多个国家取得成功的原因之一就是坚持其商业可持续定价模式，通过设立该基金，对建档立卡贷款户进行补贴，既保持和尊重了格莱珉模式，又切实减轻了建档立卡户贷款利息负担，形成项目贷款利息收入和补贴支出管理闭环，促进项目良性发展。二是对项目贷款出现风险进行抵补，符合当前监管加大金融扶贫工作中风险防控的要求，实现信贷产品业务流程的风险控制管理闭环。三是支持贫困村的产业发展和公益事业，坚持取之于民、用之于民，形成基金运用范围的管理闭环，使基金在太邑村精准脱贫和金融助推脱贫攻坚中发挥更有效作用。

五　项目实施成果统计

（一）富滇—格莱珉扶贫贷款项目会员小组情况

作为格莱珉最重要的核心，“五人小组”的成立是项目运行的基础，截至2017年2月末，富滇—格莱珉扶贫贷款项目已按照太邑村实际情况，以自然村成立项目中心，并在中心下成立项目小组，吸纳会员并有序开展各项格莱珉模式要求的小组活动，小组成立情况见附表15-1：

附表15-1　富滇—格莱珉扶贫贷款项目会员小组情况

中心名称	小组数量（个）	小组成员数量（人）	其中建档立卡户（人）	占比（%）
清水沟	6	78	34	43.58
杉树林	8	96	52	54.16
先生邑	7	68	36	52.94
太邑社、江星社	5	65	26	40
松林社	3	49	16	32.65
猪街子	3	33	12	36.36
合计	32	389	176	45.24

（二）富滇—格莱珉扶贫贷款项目贷款发放情况

项目于5月26日正式启动并成功发放首批贷款，截至2017年2月末，项目已经运行近9个月，累计发放贷款 142 笔、金额 235.2 万元，单户平均贷款金额为 1.65 万元，单户发放最低金额为 1000 元。其中，向建档立卡贫困户发放贷款 61 笔、金额 81.1 万元，单户贷款最高金额不超过 2 万元，贷款人数和贷款金额持续上升，项目效果初步体现。

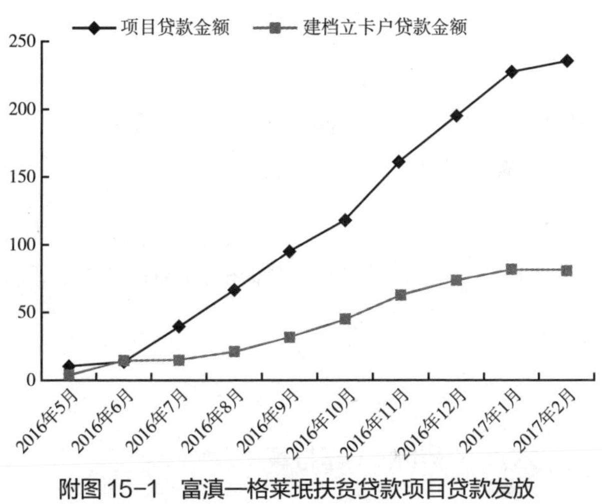

附图 15-1　富滇—格莱珉扶贫贷款项目贷款发放

（三）富滇—格莱珉扶贫贷款项目贷款使用情况

富滇—格莱珉扶贫贷款是专门为贫困地区群众脱贫致富而提供的金融手段，贷款资金用途主要集中为农户购买种苗或籽种发展种养殖业，购进物资或改善生意经营条件扩大经营规模等，对于比较特殊的家庭具有一点困难需要短期资金帮扶的，富滇—格莱珉扶贫贷款也会进行支持，贷款用途及金额占比见附图 15-2。

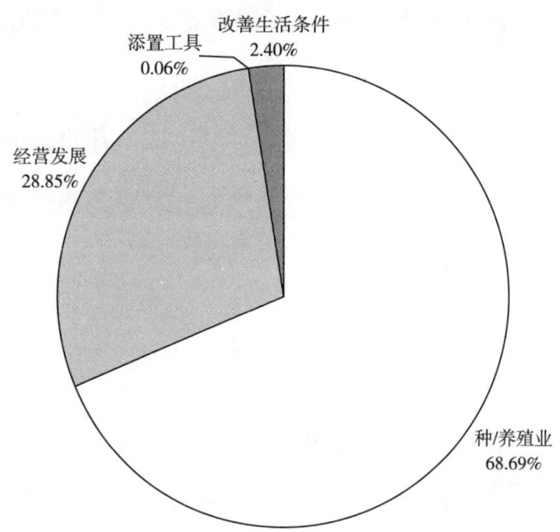

附图 15-2　富滇—格莱珉扶贫贷款项目用途

六　下一步的工作打算

富滇银行对于“富滇—格莱珉扶贫贷款”项目的探索实践，对于中小商业银行如何实施金融精准扶贫、助推脱贫攻坚具有十分可贵的借鉴意义。尤其是“格莱珉模式”在无抵押小额信贷产品运作上的成熟技术，包括“五人小组”、中心会议、入户走访服务等核心运作模式，对中小银行小微金融的客户发掘和管理具有很强的指导作用。

“富滇—格莱珉扶贫贷款”项目的实施，同时也是富滇银行积极践行普惠金融的重要方式。格莱珉银行设立的初衷，就是要为那些无法享受到银行贷款的穷人提供服务，“富滇—格莱珉扶贫贷款”项目秉承了这一理念，不仅仅是为了完成金融扶贫、脱贫的攻坚任务，更重要的是积极践行普惠金融理念，通过自身的专业技术和能力，拥抱金融界难以接触者，向传统金融服务体系之外的贫困人口普及金融知识，提供金融服务，让贫困地区群众真正拥有并实际获得金融服务的权利，有机会参与经济发展，从而实现共同富裕，构建和谐社会。

通过对项目实施的背景、组织管理及现阶段的成果分析，有助于我们总结经验，找准方向，坚持以富滇—格莱珉扶贫贷款项目实施为契机，落实精准扶贫、精准脱贫要求，在全国及云南扶贫开发中做好金融服务工作，下一步，富滇银行将重点做好以下四方面工作。

（一）加强组织领导，建立长效工作机制

富滇银行将加强组织领导，把做好扶贫开发金融服务工作作为2017年全行扶贫工作重点，落实富滇银行扶贫工作领导小组工作责任，制定《富滇银行关于做好扶贫开发金融服务工作的实施意见》，从扶贫开发金融服务工作指导思想、总体目标、组织建设、机构设置、金融扶贫重点领域及方向进行明确，为做好扶贫开发的金融服务工作提供政策指引和方向，建立长效工作机制。

（二）增加贷款人数中建档立卡户数量，满足精准脱贫要求

目前项目运营3个月，但项目推进速度尤其是在对建档立卡农户的覆盖上存在严重滞后，下一步富滇银行将与

格莱珉有限公司加强协调沟通，针对项目的推进尤其是建档立卡农户的覆盖提出具有针对性的措施方法，加强对项目推进情况的督导，充分发挥富滇银行驻村扶贫工作队员的作用，在巩固前期入户宣传的基础上，动员鼓励建档立卡户尽快成为格莱珉中心小组会员，帮助他们完成加入富滇—格莱珉扶贫贷款项目所需的条件和手续，提升建档立卡贷款户占比，确保精准扶贫、精准脱贫的任务能够圆满完成。

（三）注重经验总结，加强项目管理

在大理项目点实施的基础上，富滇银行将注意经验总结，明确总行事业部、大理工作部、富滇银行驻村扶贫工作队与格莱珉有限公司大理项目团队之间的工作职责，形成具有可操作性的项目运营管理规章制度和流程，切实防控项目操作风险，加强对项目的管理，进一步梳理完善项目管理流程，为项目的持续操作和下一步的复制推广提供了可供借鉴的经验，探索形成具有富滇特色的金融小额贷款运作模式，发挥好太邑富滇—格莱珉扶贫专项基金的作用，提高扶贫小额信贷的获得性和覆盖面，提高扶贫开发金融服务的有效性。

（四）加大信贷支持力度，推动服务重心下沉

富滇银行将积极梳理贫困地区具有优势和发展潜力的产业进行重点支持，通过扶持劳务经济、特色种养业、红色乡村旅游富民等产业发展带动贫困群众脱贫致富，积极

扶持贫困地区龙头企业发展，大力发展订单、仓单质押融资等金融服务模式，以富滇银行现有的“金果贷”和“金蔬贷”融资模式为基础，持续探索农村承包土地经营权、政府风险补偿基金、保险、农户联保、信用管理等多种产品，充分发挥信贷资金对金融扶贫的实质作用；认真贯彻监管部门关于农村中小金融机构“多县一行”政策和金融机构网点设置和服务重心要向县域及其乡镇下沉的要求，优化网点机构布局，推进在丽江市宁蒗县、曲靖市会泽县等云南省内贫困地区的机构设置工作，积极开展对昭通彝良、威信革命老区机构设置的前期调研工作，解决乡镇金融服务空白，促进基础金融服务向村一级延伸，有效提升基础金融服务的覆盖面，进一步改进贫困地区基础金融服务。

百年富滇传承的是历史、是文化，更是对云南这片热土的深情，扶贫工作任重道远，富滇银行作为这个品牌的承继者，将继续扛起“富民兴滇”的重任，以舍我其谁的豪情担当，把做好扶贫开发金融服务工作作为全行扶贫工作重点，以富滇—格莱珉扶贫贷款项目的顺利实施为契机，落实精准扶贫、精准脱贫，提高扶贫开发金融服务的有效性，发挥好金融助推脱贫攻坚的作用，为打赢脱贫攻坚战提供有力的金融支持。

参考文献

陈郁城:《普惠金融国内外发展现状及比较分析》,《新经济》2016年第11期。

楚汴英:《村镇银行发展:优势、挑战与对策》,《河南财政税务高等专科学校学报》2009年第2期。

高洋:《普惠金融研究综述》,《中国集体经济》2015年第22期。

黄祖梅:《国际经验对我国村镇银行的启示与借鉴》,《价值工程》2016年第26期。

贾晋、肖建:《精准扶贫背景下农村普惠金融创新发展研究》,《理论探讨》2017年第1期。

焦瑾璞:《普惠金融的国际经验》,《中国金融》2014年第10期。

李佳勋、李凤菊:《村镇银行发展现状及其存在问题探析》,《经济问题探索》2011年第3期。

李明贤、叶慧敏:《普惠金融与小额信贷的比较研究》,《农业经济问题》2012年第9期。

李少龙:《我国村镇银行制度的缺陷及其新框架的构建——从温州试点说起》,《河北企业》2013年第6期。

刘爱玉:《对村镇银行发展的思考——以青海省为例》,《青海金融》2014 年第 7 期。

牟秋菊:《农村金融扶贫供给侧结构性改革初探——基于尤努斯的小额信贷扶贫实践反思》,《新金融》2016 年第 11 期。

宋伟:《我国村镇银行信贷模式与国际经验比较》,《商业经济研究》2015 年第 14 期。

唐柳洁、崔娟:《制度视角下发展中国家小额贷款运营机制研究——以格莱珉银行为例》,《经济问题》2010 年第 4 期。

王金:《国外四种比较成功的小额信贷模式及对我国的启示》,《内蒙古金融研究》2013 年第 6 期。

谢世清、陈方诺:《农村小额贷款模式探究——以格莱珉银行为例》,《宏观经济研究》2017 年第 1 期。

许巍:《我国村镇银行发展中的主要矛盾及政策效果研究》,《财经视点》2010 年第 8 期。

叶向阳:《普惠金融与小额信贷发展的国际比较及启示》,《中国总会计师》2016 年第 5 期。

原妍娜、陈洛川:《农村普惠金融助力精准扶贫》,《时代金融》2018 年第 14 期。

张庆淑:《村镇银行发展面临的挑战及应对策略探析》,《河南财政税务高等专科学校学报》2011 年第 5 期。

曾之明:《我国村镇银行可持续发展模式与策略抉择》,《湖南商学院学报》2010 年第 2 期。

周孟亮、李明贤:《普惠金融下小组联保模式与小额信贷机制创新》,《商业经济与管理》2010 年第 9 期。

周孟亮、彭雅婷:《我国金融扶贫的理论与对策——基于普惠金融视角》，《改革与战略》2015 年第 12 期。

Matthias Sutter, Martin G. Kocher, “Trust and Trustworthiness across Different Age Groups,” *Games and Economic Behavior*, 2 (2006).

Robin Nunkoo, “Power, Trust, Social Exchange and Community Support,” *Annals of Tourism Research*, 2 (2011).

后 记

此次普惠金融助力精准扶贫项目，课题组希望关注的是格莱珉模式在中国的“三结合”和“三改变”问题，以及其如何来适合中国的根本。“三结合”问题是正规金融与乡村（普惠）金融的扶贫问题结合、一定的自组织与乡镇正规组织的再结合以及村民自我改造与政府关怀进行互动的再结合，在这个过程中完成“三改变”，即改变正规金融组织思维、改变政府组织关于怎么扶贫的思维以及改变贫困人群的思维惯性，这是一个重要的方面。在此基础上，课题组试图进一步深入理解一些问题，包括如何推动组织积极分子以及正规组织村委会再结合，变成更为广泛的推动者，而不是金融机构作为推动者，这是未来需要探讨的一种合作模式。

经过两年多来的研究，历经两次调研和多次座谈、走访，项目基本达到了课题组之前的预期。在课题组调研的基础上，完成了多篇学术论文并发表在相关的期刊上。格莱珉模式虽然起源于孟加拉国，但是中国其实恰好更需要格莱珉模式。这有两个原因，一是中国农村男性普遍外出打工，留下了大量妇女，农村基本框架以妇女为基准；二是中国没有进行过完整的社区再造工作。格莱珉模式改造社区的同时改造了自我，进而完成了对乡村社会的改造。通过小额信贷的模式，激发了最底层人民社会的角色、信用的重建、对美好生活的向往、对教育的渴求，标准的五人小组组成一个家，完成了社区再造。这与中国政府从“精准扶贫”到“乡村改造”的战略异曲同工。

最后，对该项目的各位参与者和给予支持的所有人表示感谢！特别是富滇银行对于本项目所提供的大力支持，感谢原富滇银行董事长夏蜀先生和富镇银行董事长秘书孔祥丹女士亲自带领课题组深入富滇—格莱珉试点村进行调研，感谢富滇银行格莱珉执行小组与课题组的无私分享，期待格莱珉的中国化能在中国贫困地区发挥更大的作用！

课题组

2018 年 10 月

图书在版编目（CIP）数据

精准扶贫精准脱贫百村调研. 太邑村卷：普惠金融助力精准扶贫 / 张小溪，张平著. -- 北京：社会科学文献出版社，2018.12
ISBN 978-7-5201-3776-8

Ⅰ. ①精… Ⅱ. ①张… ②张… Ⅲ. ①农村－扶贫－调查报告－大理市 Ⅳ. ①F323.8

中国版本图书馆CIP数据核字（2018）第246010号

·精准扶贫精准脱贫百村调研丛书·
精准扶贫精准脱贫百村调研·太邑村卷
——普惠金融助力精准扶贫

著　　者 / 张小溪　张　平

出 版 人 / 谢寿光
项目统筹 / 邓泳红　陈　颖
责任编辑 / 吴　敏

出　　版 / 社会科学文献出版社·皮书出版分社（010）59367127
地址：北京市北三环中路甲29号院华龙大厦　邮编：100029
网址：www.ssap.com.cn
发　　行 / 市场营销中心（010）59367081　59367083
印　　装 / 三河市东方印刷有限公司

规　　格 / 开　本：787mm×1092mm 1/16
印　张：12　字　数：115千字
版　　次 / 2018年12月第1版　2018年12月第1次印刷
书　　号 / ISBN 978-7-5201-3776-8
定　　价 / 59.00元